ひつじ旅

落語家欧州紀行

パリ
ブリュッセル
ケルン
ウィーン

目次

序

或る晩。私は都内の高級住宅街にある一軒家の二階で饗応を受けていた。その家は武さんの実家だった。武さんは現代舞踊家で、私とはそれほど歳が離れていなかった。会うのは二度目だった。背丈が１８０㎝はあろうという大男なので、初め緊張したが、初めて会った日の夜の宴席で気さくな人だと知れてからは、緊張しなくなった。武さんの他にも武さんの母、武さんの妹、武さんの弟の彼女、日本舞踊家の中川さん、がいて、皆で食卓を囲んでいた。中川さんとは何度も舞台で共演したことがあった。それらは全て、中川さんが企画してくれた舞台で、なにかと気を遣って呼んでいただき、その度に落語とは別の仕事を経験することができた。中川さんをきっかけに様々な共演者と親交を深めることもできた。沢山のご縁も頂いたし、また、沢山の出演料も頂いた。私はその収入で光熱費を支払ったり、昼食代に充てたりもした。また中川さんのお蔭で家賃も滞納せずに済んだ。というと少々言い過ぎだが、感謝の気持ちは一言では言い表せないものがあった。今回、食事会に誘ってくださったのも中川さんだった。

広いテーブルには豪勢な手料理が並べられ、そのどれもが美味しく、家庭の温もりを感じさせた。

「ところで昇羊君」

それぞれが好みの酒を飲み、洒落や冗談を言い合い、心底愉快な心持ちのままあらかた食事も食べ終え、腹も心も満ちた頃だった。

「パリに行く気はあるか」

「パリですか？」

中川さんに、唐突に訊ねられた。それまでのふざけた面持ちはどこにも見受けられなかった。

私は、なんの話なのか、咄嗟に判断できなかった。困惑する私をよそに、中川さんは、

「そう、パリ」

とだけ言った。敢えて説明をせずにいることで、私の度量を計っているのだろうかと勘繰ってしまうほど、説明不十分だった。しかし、だとしたら、私は小さいやつ、度量の狭いやつ、と思われたくない。なので私は説明を聞かずにして、

「行きたいです」

と言った。その際はっきりと中川さんの目を見ることも意識した。すると武さんが、語尾を伸ばしてふざけている感じを強調した言い方で、「行きたいなら行ってくればぁ」と言った。

「え、ちょっとすみません、正直全然話が分からないですははは」

「だよねふふふ」

「そりゃあそうだははは」

私が笑うと、武さんも笑った。中川さんも笑った。

中川さんと武さんは、七月にパリでの舞踊公演を計画しているらしい。そこで一緒に同行し、落語を一席やってもらえないか、という。

「現地の滞在費は出せるんだけど、パリまでの往復分までは出せないんだ。それでもよければ、なんだけど」

私は、自腹は嫌だな、と思った。だが、海外渡航経験のない私は、以前からまあ一度くらいは海外に行っておきたいなと考えていた。この機を逃せば二度と海外へ行かずに死んでしまうことになるかもしれない。

「行きます」

「本気で行く気ある?」

「勿論です、行きたいです」

「本当に行く気があるなら、一緒に行こう」

「ありがとうございます」

「いいね、いやぁ、最高だよ、やっぱ昇羊君はいい」

「ほんと最高」

「本物だね」

「本物だ」

なぜか称賛されながら、私はその晩、飲み明かし、語り明かし、踊り明かしたのだった。

それからすぐに航空券を手に入れた。往復で三十万。高すぎる旅費に尻込みしながら、カードで支払いを済ませる。その二週間後の一月上旬、落語会の会場の楽屋で、私の携帯電話にメッセージが入った。

昇羊さん

日本舞踊家の中川雅寛です。

今年の七月に皆様と予定しておりましたフランス公演ですが、大変申し訳ございませんが白紙に戻させて頂きたくご連絡致しました。

当初の計画では、私と武さんと出演者有志メンバーのみでパリ公演に挑む覚悟でいたのですが、私が普段お世話になっている方々へパリ公演の事を相談しているうちに沢山の方々が協力したいと言ってくれる様になりました。

私にとっては非常に嬉しい事でもあったのですが、これだけ沢山の方々にご協力を頂けるのならば、当初の予定よりももっと大きなプロジェクトとしてフランス公演に挑み大成功させる機会が作れるのではないかと思ってしまいました。

私的には決して諦めたわけではなく、最善の形で皆さまとパリ公演ツアーに挑む為の時間を頂きたいというのが本心です。

その際はまたお声がけさせて頂ければ幸いでございます！

※飛行機のチケット代などの支払いはお済みでしょうか。

チケットがキャンセルできないなど、お困りの事がございましたらお気軽にご連絡下さい。

今後ともどうぞよろしくお願い致します。

中川雅寛

思わず、「ええっ」と声が漏れた。三十万円の航空券は既に購入しており、キャンセルすることも当然できるのだろうが、その場合のキャンセル料はいくらになるのだろうか。無論、中川さんに恨みは一切ない。また、決して適当な人間でないことも断っておく。中止でなく延期、ということは、必ずまた機会をつくってくださるのだろう。今回は残念だが、せっかくだからフランス旅行にでも行ってこようかなぁ、などと考えていると、

「どうかしましたか」

公演の撮影のため、楽屋にいた写真家の武藤奈緒美さんが、声を掛けてくれた。

「斯々然々、こんなことがありまして」

「あ、それなら、私の友達のクララだったら、なんか繫げてくれるかも」

「え、そういう人がいるんですか」

「よかったら連絡先教えるので、相談してみてください」

クララさんは過去に何度か、落語家をヨーロッパに連れて行って公演したことがあるという。

「なので、なにか助けてくれると思います。とりあえず今クララに訊いてみますね」

それからとんとん拍子に話は進み、クララさんの知人や、機関、団体、また面識のない個人、など各所にDMを送り、結果、オーストリア、ドイツ、ベルギーの三カ国で五公演、開催することが決まったのである。

改めて、今回の公演に関わった全ての方々に御礼申し上げます。

春風亭昇羊

初日

1

生まれて初めて海外へ単身渡る日の朝は、門出を祝うような晴天であってほしい、というのは誰しもが思うことなのではないか。さらに鳥の囀りなんかが聞こえてきたら最高にいい心持ちになれる。少なくとも私はそう思った。しかし現実には曇天だった。鳥が一羽、無言のまま上空を横切って、見えなくなった。

朝の山手線は空いており、所々空席があった。だが席には座らず、ドアの前に立っていた。それは高揚感から座っていられないせいでもあったし、普段から座席に座ることに抵抗があるからでもあった。席を譲るべき人かどうか、いちいち確認し、譲るべき人なら譲る、そんなことで気を揉むくらいなら初めから立っている方を選んだ。その方が気疲れせずに済んだ。

車内は退屈だった。そのせいで、これから九日間、海外へ行っても日本と変わらぬ日常が淡々と続くだけなのかもしれない、という不安が頭の中で広がった。品川で降り京急線に乗り換えてもそれは同じだった。京急線の車内は混んでいた。私を含めスーツケースを提げた乗客が多かった。

第三ターミナル駅で降り、改札を抜けるとすぐ目の前にエスカレーター。距離の近さが新鮮だった。また、エスカレーターを昇ると、そこには早くも国際線ターミナルが広がっており、二度三度エスカレーターを乗り継ぐのかと思っていた私は意表を突かれた思いだった。さらに、その国内線とはまるで異なる光景が目に飛び込んできた瞬間に、自身が高揚したのを感じた。

一階はチェックインの機械や荷物を預けるための受付があるだけなのだが、その奥の二階部分に、ずらっと並んだ赤提灯、三階部分には赤い番傘が何本か立っており、金色の櫓も目に入った。江戸の町並みだった。

私はすぐさま、二階三階部分へと駆け寄りたい、と思った。しかし私は駆け寄らなかった。駆け寄りたい気持ちを堪えながら、私は歩いた。目に映る金色の櫓を目指しながら、非日常への一歩を進む思いで、歩いた。山手線で感じた不安はもう既に消え去っていた。単純なものである。

二階には江戸を感じさせる商店が並んでおり、益々愉快な心持ちになれた。階段を上ると櫓へと続く大きな橋。江戸時代に掛かっていた日本橋を再現しているとのこと。脇には看板が掲げられ、そこには「旅立ちは昔も今も日本橋」と書いてあった。なんとなくいい感じだと思った。旅立ちというのは、昔も今も、日本橋を起点としているのだ、という意味なのだろう。というかそれ以外に解釈のしようがない。もしかしたら他にも別の意味があり、二つの意味が掛かっているのだろうか。橋だけにね。ふふふ。ってくだらねえ。などと一人吹き出しながら考えたが、なにも思い浮かばなかった。

櫓は、思ったよりも小さかった。途端に櫓への関興が失われていった。なので私は、櫓をただ横目にちらと見遣るだけで下へ降りた。

一階へ戻り手続きを済ませる。荷物検査、パスポートの確認など、出国に伴う手続きのどれもが初めての経験であり、新鮮であった。

手続きを無事に済ませ、搭乗ゲート内へ。ずらっと並ぶ高級ブランド店を眺めながら、途中「外貨両替」の文字が目に入ったので、二万円を百十ユーロに換えた。初めて手にするユーロ紙幣だった。

まだ出発まで時間があった。空いている席に掛けて、落ち着く。搭乗口の目の前だった。しかし腰は落ち着いたものの、どこかそわそわしていた。

スポーツメーカーのリュックを背負った少年が、私と席一つ分空けて座った。小学校三年生くらいだろうか。サラサラの髪を茶色く染め上げ、スポーツウェアの半袖のTシャツに短パン姿が似合っていた。髪型や服装から、サッカー少年だな、と思った。

「一人で大丈夫？」

空港の職員の女性が近づいてきて、少年に声を掛けた。別の場所で交わした会話の続きのようだった。

「うん」

少年は俯きながら無愛想に返事をしている。

「飲み物はなにかいる？　買ってこようか？」

「ううん」

無愛想な少年に、職員はそれ以上声を掛けようとしない。それでも少年のことが気にかかるようで、尚も黙ったまま側に突っ立っている。

羨ましいと思った。私も女性職員に声を掛けてもらいたかった。それだけで、どれだけ気持ちが安らぐだろうかと思った。「一人で行くんですか。かっこいい」とか言われたかった。少年よりは愛想よく返事できるのに、と思った。

職員は、このまま黙って突っ立っていても仕方ないと感じたのか、少年の側から離れ、持ち場へと戻っていった。

遠目に職員の顔を盗み見た。美人であった。しかし甘えたくなるような愛嬌のある顔ではなかった。少年の好みの女性ではなかったのかもしれない。

「選り好みなんかしちゃダメだぞ」私は胸の裡で少年を叱った。

それから、少年の平然とした佇まいに対し、興奮している自分が情けないと感じた。こんな少年が一人で平気な顔をしているというのに、いい歳の大人が平然としていられないでどうする。なにが初めての海外だ。大したことじゃない。自分で自分に言い聞かせる。気付くと少年の姿はなくなっていた。

2

機内への搭乗が始まり、列ができ始めた。列が落ち着いたところで機内に乗り込んだ。後方通路側に自分の座席を見つける。三列シートの窓側と中央の座席はそれぞれ乗客がいた。足の運動も兼ねて何度か席を立つつもりだったので、自分の席が通路側であることは、都合がよかった。

離陸の際に感じる重力は相変わらず苦手で、いつまでも慣れない。

座席に設置されたモニターの電源を入れる。これから十四時間もの間、機内に閉じ込められたまま耐えなければならない。画面をタッチしながらチャンネルを切り替える。アニメ、映画、音楽、演芸、のチャンネルを切り替えながら、「島ねこ物語〜香川県　男木島　瀬戸内海のほっこりライフ〜」という映像に目が留まる。この後ウィーンでお世話になる先生の家には猫がいるのだった。普段、猫と接する機会のない生活を送っているため、少しでも学んでおこうと、映像を視聴することにした。再生、を選択すると、ファッションブランドの広告を挟んだ後、映像が流れ始めた。島に住んでいる猫の様子をひたすら映している。世間には犬派と猫派というものが存在するそうだが、私はどちらの派閥でもない。犬も猫も可愛いとは思うが、飼いたいという欲求はなく、どちらが好み、ということもない。なので、犬派か猫派か、という質問をされても、答えられない。「えーと、どっちですかねぇ、難しいですよねぇ」と言葉を濁しているうちに、この男と喋っていても会話が盛り上がらないし、陰鬱になる。と判断され、以後、話しかけてもらう回数が激減。悲しい話である。いずれ、どちらかを飼いたいと思う日が来るのだろうか。そんなことをぼんやり考えながら、漫然とモニターを眺めていると、隣に座っていた女が突然、私のモニターの電源ボタンを人差し指で押した。モニターの画面が真っ暗になった。驚いた私は反射的に女の顔を見る。女と目が合う。女はニコニコしながら私のモニターの電源ボタンを再び押した。ついていたモニター画面を消した後に、もう一度つけたことになる。私は困惑した。困惑しながら女を見た。無邪気な少女のように微笑んでいた。悪意は感じられなかった。年齢は六十歳に近いように見えた。私はその挙動、表情のわけを理解しようと努めた。女はどこか満足そうに前を見つめ微笑んでいる。到底理解できない。私は警戒しながら横目で観察を続けた。ひょっとすると、女は会話のきっかけをつくりたかったのだろうか。いやそんなわけない。だがそんなわけないこともないのではないかと、女の表情から、なんとなくそんなことを思った。だとしたら、私は黙っているよりも「なにするんですかぁ」とかなんとか言ってヘラヘラした方がよかったのではないか。私の対応次第では、「いたずらしちゃったへへへ」「いたずらしないでくださいよぉ」「モニター消した後に、やっぱり可哀想だと思ってつけてあげたの」「そんなぁ」「でももう一回消しちゃお」「やめてくださいよぉ」「もう一度つけてあげる、と見せかけて消すっ」「ちょっとぉ」などと会話が盛り上がり、まるで青春真っ只中のような、案外楽しい時間を過ごすことができたのではないか。いやでもモニターを消すってやっぱり変だよね、やっぱり奇人だよね、と思い直した。しかし奇人であるくらいの方が、却っていいのではないか、面白いことになるのではないか、という下心が顔を覗かせていることにも気付いていた。

いずれにしても、このままむっつり黙り込んでいては相手の真意を知ることはできない。私は足元に置いておいた手提げ鞄の中から、個包装されたおかきをひとつ取り出した。

「もしよかったら貰ってください」

女は黙って会釈すると、自らの鞄の中にしまい、後ろの座席に座っている乗客になにかこそこそと話しかけ、また元の向きに戻った。

女には連れ人がいたのである。

そして後ろの座席に座っているのは、おそらく亭主だった。

私はてっきり単身飛行機に乗り込んだのだとばかり思い込んでいたので、意外な心持ちだった。

それにしても一体なぜ、女は私のモニターの電源ボタンを押したのか。それも二回。私ははっと気付いた。モニターは正面以外から覗くと画面が暗くなにも映っていないように見える加工が施されていた。おそらくそれは、隣席の者に対し明るさが邪魔にならぬように、という配慮であったが、それによって女は、私のモニターの画面がいつまでも暗いままだと錯覚し、私が電源の入れ方が分からず困っているのだと勘違いした。なので電源ボタンはここですよと示してくれたのではないか。そうに違いない、と思った。女は親切心で私に電源の入れ方を教えてくれたのだ。

女は奇人などではなかった。私は少し落胆した。

職員があられを配り始めた。若草色の包装に折り紙の鶴が描かれているみたことのないデザインが特別感を演出してくれて気分がいい。「お飲み物はどうなさいますか」と訊かれた。私はリンゴジュースを選んだ。

ぷしゃ、ぷしゃ、ぷしゃ。というのはデジカメのシャッター音。テーブルに紙ナプキンを敷き、あられの包装を開いて中身を全て取り出す。盛られたあられにピントを合わせシャッターを切る。ぷしゃ、ぷしゃ、ぷしゃ。

なんのためにこんなものを撮影しているのかというと、閃いたから。「はじめての機内食（つまみ）」というタイトルを付けて、フォトTシャツにしたら売れるのではないか。天啓、という言葉があるが、まさに神様のお導きによって閃いてしまったのである。ふふふ。様々な角度から撮影し、満足した私は、これは売れるぞ、と内心でほくそ笑みながら用の済んだあられを、うまうま食べ終え、テーブルを片し、再びモニターを弄る。すると、

「ちょっとすみません」

女が立ち上がりたそうにしたので、

「あ、すみません」と言って足を横にずらした。膝の上にカメラ、携帯、タオルケット、ノート、

などを乗せていたので、咄嗟に立ち上がることができなかった。女は、私の前を通りにくそうにしながら、「膝の上に乗っちゃうかも」と言って可笑しそうに笑った。その少女のような無邪気さに僅かながら惹かれた。しかし私は「いえいえ」と言っただけであった。なにがいえいえなのか、我ながら意味不明であった。気取っているだけであった。それから、横着してしまい申し訳ないと思った。女が戻ってくるときはきちんと立ち上がって、通した。横目でちらと様子を窺う。相変わらず、微笑んでいる。

職員が順に座席を回りながら、乗客に機内食を配っていた。機内食は和食と洋食の二種類だった。私は食のこととなると、優柔不断である。いつどんなときでも、ぐずぐずしてしまい、一向に決められない。そのせいで周りに迷惑をかけ、結果、自分にも被害が及ぶ。

たとえば立ち喰いそば屋で、多くのメニューの中から天ぷらそばとコロッケそばの二択まで絞ってもその二択がいつまでも決められず、券売機の前で逡巡しているうちに後ろに並んでいるサラリーマンに迷惑をかけ、結果、舌打ちをされる。しかし急かされれば急かされるほど、却って思考がもたつき、尚更決めることができず、そのうちに冷汗が滲み出てそばどころではなくなる。結局、立ち喰いそばを諦め、入りたくもないタイ料理屋でカレーを喰っていたなんてことは日常茶飯事である。なのでどうしても予めメニューを知りたかった。だが和食洋食それぞれの詳細を知ることはできなかった。そしてとうとう私の番が回ってきた。

「和食と洋食どちらになさいますか」

私は絶句した。メニューにはそれぞれの機内食の写真と、その詳細な説明が載っていたのだが、ぱっと見ただけでは情報量が多いせいでなにがなんだかまるで見当がつかず、即決できない。そのため本来であれば「すみません、ちょっと考えます」と言ってじっくりメニュー表を眺めたいのだが、ここは機内である。長考していては職員だけでなく他の乗客にも迷惑をかける。私は仕方なく勘に頼ることにした。

「洋食でお願いします」

なぜ洋食にしたのか。写真を見ると、洋食のメインディッシュは赤、緑、黄色、など、食欲をそそる色味だったのに対し、和食のメインディッシュは全体的にぼやけた色味だった上、灰色まで認められ、直感的に「灰色は食欲が湧かないので、ない」と判断したから。後で確認すると灰色の正体は蓮根だった。判断は間違えていなかったと思う。

提供された機内食にはメニュー表が添えられており、見ると、和食と洋食ではメインデッシュにのみ、違いがあることが分かった。和食が「ごまだれ豚しゃぶと生姜ごはん」、洋食が「鶏肉とキヌアのチリコンカンバーリーライス」だった。

副菜は共通しており、「フムスと彩野菜デュカスパイス」、「厚揚げみぞれ餡しば漬け添え」、「小海老とじゃがいものヨーグルトサラダ」、「フレッシュサラダ」。また、デザートにアイスクリームが付いた。

金属のフォークとスプーンが高級感を演出していて気分がいい。まずは小海老とじゃがいものヨーグルトサラダから。ん、意外と美味い。次に厚揚げ。みぞれ餡が良いアクセントになっており、しば漬けとの相性もいい。これも美味い。彩野菜も美味しく、フレッシュサラダもドレッシングをかけて、あっという間に食べ終える。メインディッシュのバーリーライスは、トマトソースとチーズと大ぶりの鶏肉の相性が抜群で、ピーマンや玉ねぎなどの野菜も甘味があり旨く、米を食べるには最高のおかずだった。なんなら米が足りないくらいだった。デザートのアイスクリームが美味しかったことは言うまでもない。初めての機内食は大満足だった。腹も満たされ、とても愉快な気分だった。

食事を終えると、さっさとトレーを片付けたくなった。いつまでもテーブルの上に空の器があっては目障りだし、なんとなく窮屈な感じがする。と、座席のポケットに、機内用の掛布団が入っていた透明なビニール袋があることに気付いた。私は、この袋にごみなどを入れ、縛って足元に置いた。それから空の容器を重ねてトレーごと、これも足元に置いた。

「ふふふ、どうだ。賢いとはこういうことを言うのだ。周りの連中はいつまでも空の器を前にして窮屈そうにしているが、対して私はテーブルも仕舞って、空間を広く使えて快適なフライトライフだ。世の中工夫だよ。工夫が大事なんだよ。ははは。あそうだ、足でも伸ばそっと」

大事なのは工夫と熱量、という師匠の言葉がある。その言葉を思い出し、まさにこれだ、と思った。師匠、私は師匠の言葉を胸に、今、工夫と熱量によって快適な旅を実現させております。

私は弟子として誇らしい思いだった。


乗客が皆、腹を満たし、トレーを片付けてもらってから映画音楽演芸番組などに夢中になっている間、私の足元にだけ未だ、ごみが放置されていた。職員に気付かれず、回収してもらえなかったからなのだが、気付いていないことに気付いたときには、職員は既に後方の座席へまわっていたため、声を掛けることを躊躇ってしまった。紙ナプキン、おしぼり、空のペットボトル、箸、スプーン、フォーク、アイスのカップ、飴玉の包み紙、などのごみが入ってパンパンに膨れた袋は足元で存在感を放っていた。快適なフライトライフどころかごみ屋敷に住んでいるようで、惨めったらしい思いがした。気にしないように努めたがどうしても気になった。過剰な自意識によって、周りから不潔な人と思われているのではないかとも考えてしまった。このごみは私のごみじゃありませんよ、というような顔をしてみたが無意味だった。職員もおらず、仕方がないので手洗いに立った際、後方にある職員用のスペースに置いた。却って迷惑をかけてしまったかもしれず、そのことも気になった。

気付くと機内は消灯していた。到着まであと十一時間。私は目を瞑り眠ることにした。眠ることでしか耐えることができないほど、時間の経過が遅く感じられた。

それから何度か寝て起きてを繰り返し、目が覚めている間は、フライトレーダーを眺めたり、リラクゼーション音楽を聴いたりした。森の雨音、自然の音楽、など何種かある中で、川の流れの音が一番心地よかった。だが、退屈だった。そのうち私は隣の女と会話したいな、と思い始めた。ちらちら様子を窺いながら、女がなんとなくこちらを意識したかなと思えたタイミングで話しかけた。

「どちらからいらしたんですか」

女はひょこっと顔をこちらへ向けると、

「横浜から」

と言った。私の生まれた街だった。

「え、僕も横浜出身なんです。僕は地元が三ツ境なんですけど」

「分かります、相鉄線の」

「そうですそうです」

横浜という思わぬ共通点に内心興奮した。

「あの、横浜のどちらですか」

「桜木町です」

女は、冷静だった。あまり興奮した様子は見られない。

「え、桜木町ですか、僕もよく行きます。僕、落語をやってるんですけど、関内ホールとかよく出ます」

本当は年に一、二回程度しか出演機会はないのだが、見栄を張って年十回ほど出演している感じで言ってしまった。

「あらそうなんですか」

反応が薄いな、と思った。もう少し良い反応が欲しかった。「え、落語家さんなんですかびっくり」とか、「落語家さんと喋るの初めてです」とか興奮しながら言ってほしかった。

「野毛とかにもよく行きます」

「あ、野毛ね、ふふふ、私もあの辺は近所なので行きますよ」

「飲みに行くんですか」

「まあ、そうね」

思ったより会話が盛り上がらなかった。

「亭号とかあるんですか」

「ええ、あります、春風亭なんです。春風亭昇羊って言います」

「あら、ちゃんと春風亭じゃないですか」

「そうなんです」

ちゃんと春風亭じゃないですか、とはどういう意味なのだろうか。

「春風亭なんて名乗っていいんですか」

「まあ、そうですね、師匠が春風亭なんですよ、春風亭昇太っていう、あの、笑点で司会をやってる人なんですけど」

「そうなんですか」

薄い反応だった。それに、時折失礼だった。春風亭なんて名乗っていいんですか、とはどういう意味なのか。許可なく勝手に春風亭を名乗っているとでも思ったのか。

「よかったらこれ、貰ってください」

私は名刺を差し出した。

女は差し出された名刺を受け取ると、後ろの亭主と思われる男に見せていた。奥様とばかり話し込んでいては失礼だと思い、今更になって亭主に挨拶するため、振り返って、肩越しにちらと顔を覗く。すると、亭主は虚脱状態なのかなんなのか分からないがとにかく口をあんぐりと開けており、とても話が通じる相手とは思えない、と直感的に思った。勿論実際にはそんなことはないのだろうが、とにかく、憶測で判断して、挨拶を躊躇してしまった。それからなにも見なかったことにして、そっと前を向き直った。


機内食の合間に、軽食が配られた。ツナマヨネーズパンだった。機内中からビニールを破く音が聞こえた。食事を与えられた途端、一心不乱に食べ始める。まるで家畜のようだと思った。狭苦しい機内に閉じ込められ、餌だけ与えられて喜ぶ豚、牛、馬鹿。私は嫌気がさして配られたパンを鞄にしまった。

「食べないんですか」

「ええ、今食べたら家畜みたいなんで」とは言えなかった。

「お腹いっぱいで。パリに着いたら空港で待ち時間があるので、そのときに食べようかなと」

「あ、でも降りたら検査場の外には持っていけないかもしれませんよ」

「え、そうなんですか」

「多分、機内食は中で食べないと、没収されるかも」

「あ、そうなんですか、じゃあ、後で食べます」

女は優しかった。が、取り敢えず今は食べたくない。別のタイミングで食べようと思った。

それから歯磨きやストレッチ、読書、居眠りなどをして過ごした。立ち上がって最後方の窓から外を覗くと、北極が見えたので写真に収めた。

気付けばあと三時間で到着、という頃、機内に明かりが灯った。二度目の機内食の時間だと分かった。機内に明かりが灯っただけで、飯だ飯だと心が踊っている。卑しい気がする。しかし人間は食べなければ生きていけない。なので食べる。配られたのはカレーだった。インスタントカレーにしては美味しかった。熱々だったのも嬉しかった。皆と同じタイミングで食べ、同じタイミングで下げてもらった。先ほど配られたツナマヨネーズパンもこのタイミングで食べた。美味しかった。食べながら、私はツナマヨネーズパンが好物だと気付いた。食後のコーヒーは断った。

私はコーヒーも紅茶も好まない。煙草も吸わないし酒も飲まない。大袈裟でなく、なにが楽しくて生きているのか、自分で不思議になることがある。

隣の女が、その奥にいる男性客の分のコーヒーを職員から受け取り、間に入って手渡す。「あ、すみません」「いえいえどうぞ」たったそれだけのコミュニケーションが、羨ましいと感じた。私も女と喋りたいと思った。そう思った自分に自分で驚いた。そんなことを考えているうちに、着陸のアナウンスが流れ、がたがたと機体が激しく振動し、シャルル・ド・ゴール空港、パリに、到着した。

前の乗客が降りるまでの間、少し立ち話をした。女と後ろの男はやはり夫婦だった。主人はあざみ野の飲食店で働いているらしい。話してみると少し不器用そうだが愛想の良い人だった。

空港内で夫婦と写真を撮った。あざみ野の店へ食事に行くことを約束し、別れた。いい旅になる予感がした。最高の旅の始まりだと思った。

3

パリの空港に着くと、当然ながら職員は皆外国人であった。右を見ても左を見ても、日本人は一人もいなかった。そのことが、パリにいることを実感させた。

ウィーン行きの飛行機に乗り換えるためにはどこへ行けばよいのか、まるで分からなかった。いくつかのルートにそれぞれ番号が振ってあったが、どれが正しい道なのか、見当もつかなかった。私は拙い言語で職員に助けを求めた。すると、パスポートを使ってウィーン行きの飛行機のチケットを発券しろ、と教えられた。教わった通りに発券すると、そこに自らの進むべきルートの番号が記されていた。私は一つ関門を突破した思いで、ずんずん進んだ。途中、通じないことをいいことに、「本当に大丈夫なのかしら」「うわぁ、心配だなぁ」「一人だよどうすんだよ」「おいおいおいおいおいおいおい」などと独り言を喚き散らした。そうすることで、不安が解消される気がした。すれ違う外国人が、好奇の目で見てきた。だが、無視した。和装姿の男が独り言を言っているのだから、興味が湧くのも無理はないが、愛嬌を振りまいている余裕はなかった。

暫く案内に従って進むと、検査場のような場所に出た。フランス人と思われる職員が三人いた。チケットを見せ、自分がどうすべきなのか、指示を仰いだ。三人のうちの一人が、電光掲示板に表示されているウィーン行きの飛行機の乗り場の番号や時刻を写真に撮るよう、教えてくれた。「せんきゅう」と礼を言う。別の女性の職員が、「あなたの着ている服は着物ですか」と英語で訊ねてきたので、「いえぁ、いっつ、きものぉ」と元気よく答えた。勿論正確な言語は理解できないが、「着物」と聞こえたので、なんとなくそう理解した。女性職員は「着物いいね」みたいなことを言った。本当は浴衣なのだがこの際どちらでも構わないだろう。海外では和装姿が喜ばれる、と聞いて和装で来たのだが、まさか職員に話しかけられるとは思わなかった。

続けて男性職員に「日本から来たのですか」と訊かれたので、「いえあぁ、あいむ、ふろむ、じゃぱん」と答えた。すると目を輝かせながら「ジャッキーチェンッッ」と言い、続けて「あちょー」と言いながら酔拳のポーズをしてふざけだした。途端に女性職員ともう一人の男性職員も同じように「あちょー」と言いながら酔拳のポーズをして、ふざけだした。

ジャッキーは日本人ではない。しかし私は「そう、有名な日本人といえばジャッキーだ」みたいなことを言った。「あちょー」とも言った。酔拳のポーズもした。皆が笑った。私も笑った。平和だった。だが私は「あちょー」と言って見知らぬ人と酔拳のポーズをしてふざけあうことに慣れていなかった。また、ジャッキーが日本人でないことがばれたらどうしよう、という不安も抱いていた。そのせいで自分の笑顔が少し強張っているのを感じた。勝手に気まずくなり、話題を変えた。

「日本の漫画は知っていますか？」

「知ってるよ、僕は日本の漫画が大好きだからね、たとえばドラえもんとか」

「ドラえもんを知っているんですね」

「あとはドラゴンボール」

「かめはめ波だ」

「そう、あとはナルト、それから尾田栄一郎」

「ゴムゴムのぉ」

「そうそうそう、それだよ」

私は日本の漫画を通じてフランス人と打ち解けることができた。嬉しかった。嬉しかったので、鞄の中からおかきを取り出して皆に配った。女性職員が、ぜひ私の家に泊まりに来たらいい、寝る場所も用意するから、というようなことをおそらく、言った。嬉しかったが、誘いに乗るわけにはいかなかった。

「写真を撮りたいのですが、構いませんか」

「勿論だよ」

写真を撮っていると、さらに職員が一人増えた。だがその職員は撮影には参加せず、他の職員にひそひそ用件だけ伝えると、そそくさと去っていった。

残った職員に「急がなくて大丈夫ですか?」みたいなことを訊かれた。私はまだ大丈夫だと笑って答えた。すると男性職員の表情が、さっと曇った。そして女性職員にフランス語でなにか伝えると、携帯電話にごそごそと言葉を吹き込んだ。そしてその画面を私に向かってかざした。そこには日本語で、「あなたはもう行かなければなりません」と書いてあった。三人共、顔面蒼白だった。緊急事態だった。どう見ても、急ぐ必要がありそうだった。私は狐につままれた思いで、礼を言って、手荷物検査場のゲートへと向かった。

搭乗口はすぐ目の前にあるとばかり思い込んでいたら、一向に辿り着かない。途中、「まだあるのか」「それにしても遠い」と文句を垂れた。「ふざけんな」「嘘でしょ」とも言った。

誰もいない通路を延々と歩かされた。階段とエスカレーターの上り下りを何度も繰り返した。気付くと早足になっていた。そのうちに、ようやく賑わいのある場所へ出る。心から安堵した。検査を済ませ、搭乗口付近の椅子に腰を下ろした。搭乗口を探すうえで、最前、職員に言われて撮影した電光掲示板の写真が、大いに役立ったので、感謝した。

パリの空港でスリの被害にあった、という話を知人から聞いたので、荷物から手を離さぬよう、注意を払った。時刻は十九時半。空は真昼のように明るかった。それから座席に設置されているコンセントに充電プラグを差し込み、携帯の充電をしながら、ネットに繋いでSNSを覗いた。

気付くと十五分経っていた。せっかくパリにいるのだからと、私は空港の人間を観察することにした。家族連れが多かった。家族ぐるみで盗みを働くケースもあるらしいので警戒した。子どもが私に興味を示している。こいつ、まさか狙ってんのか。子どもが父親にひそひそなにかを伝えた。怪しい。隣で婆さんが父親と楽しそうに喋っている。子どもが笑った。怪しい。婆さんも笑った。怪しい。一見怪しくないが、一見怪しくないところが、却って怪しい。

4

ウィーンまで二時間。到着したのは現地の時刻で二十三時十五分。

ロビーでは到着を待ちわびた人々が群衆になっていた。まるでスターの気分である。しかしその群れは、誰も私を待っていない。私を待っているのは、サイドル先生ただ一人である。サイドル先生は、ウィーン大学の先生で、武藤さんが紹介してくれたクララさんの古くからの友人であった。

私は群衆の中から、先生を探した。前もって顔写真を確認していたので、見ればわかるはずだった。ところがいくら探しても見つからない。後方から探す。一通り探す。離れた場所で待機している人々も確認する。いない。あれあれ、おかしいな。私は和服を着ているので、向こうが見ればすぐに分かるはず。それともまだ着いていないのだろうか。出発が遅れた影響で到着が十五分遅くなることをメールで伝えてある。焦りはなかった。

背後から「昇羊さん」と声がした。振り向くと、背の高い外国人が、優しい表情で立っていた。サイドル先生だった。私は初めまして、という挨拶と自己紹介を日本語でした。

「今着きましたか？」

流暢な日本語だった。

「はい、さっき、着きました」

「ごめんなさい、ずっと見てたのですが気付けなくて」

「いえいえ、とんでもないです、無事お会いできてよかったです」

「疲れましたか」

「疲れはそんなに、ないです」

本心だった。興奮のせいだろうか。

「そうですか、よかったです」

先生の着ているTシャツの背面には「日本学科は七転び八起き」と書かれていた。日本が好きであることが伝わってくる。

後を付いていき、駐車場に停めてあった車に乗る。

「どうぞそちらから乗ってください」

左側に乗ろうとしたら、右側に促された。車が左ハンドルであることに気付く。慌てて右側に回り、助手席に乗り込んだ。

先生の自宅には猫がおり、名をカラムということ。同棲している彼女がいること。高速道路の制限速度事情、街の治安、などについて、話しているうちに、車は住宅地へと入っていった。

家には猫がいると予め聞いていたのだが、彼女がいることは初めて知らされた。驚くと共に申し訳なく感じた。また、宿泊することについて、彼女は大丈夫なのだろうかと心配になったが、口に出さなかった。

「着きました」

車で三十分ほど走ったところに先生の自宅はあった。それは、マンション、アパート、集合住宅、共同住居、など、日本で使われているどの言葉の持つイメージも適切ではない気がした。日本には存在しない、ヨーロッパならではの外観を持つ住居だった。

エレベーターで四階へ上がり、左手の部屋が先生の住まいだった。ドアを開け入るとすぐにオープンキッチンがあり、上がり框や廊下はなかった。奥に三部屋あり、そのうちの一つを私の寝室として使っていいという。広い家だった。下駄のまま上がって、適当なところに脱いで置いた。どこまで靴で入っていいのか、どこからが土足厳禁なのか、はっきりとした境がない。妙な気分だった。

猫が近寄って来た。こちらを見上げている。

「カラム、どうした、ほら、挨拶しなさい」

「こんにちは、お邪魔します」

猫に続いて奥の部屋から女性が出て来た。この人が彼女だった。

「初めましてお世話になります、春風亭昇羊と申します」

猫を相手にするよりも丁寧に挨拶した。

「あー、初めまして、お会いできるのをとても楽しみにしていました」

彼女も日本語が喋れた。自分ではうまくないと言っているが、十分上手だった。穏やかで愛嬌のある、誠実そうな女性だった。私と会うことを楽しみにしてくれていたそうだ。歓迎されていることが伝わって嬉しかった。

おかきの詰め合わせ、１００mℓのワンカップ二本、小さなお茶菓子の詰め合わせ、を手拭いと一緒に渡した。

「これはなんて書いてあるの」

手拭いには「春風亭昇羊の手拭い」と筆文字で書いてある。そういうデザインなのだが、崩して書いてあるせいで、春風亭昇羊、の部分が読めないらしい。

「なんだろう、これは。こっちは手拭い、だけど」

先生も読めないようだ。

「春風亭昇羊って書いてあります」

「春風亭昇羊、ですか」

二人ともいまいちピンときていないようだった。

それからしばらく三人と一匹で立ち話をした。

「コーヒーでも飲みますか」

「あっ、僕、コーヒーが飲めないんです」

「では、お茶にしますか。なんでもありますよ。抹茶、ほうじ茶」

「そしたら、ほうじ茶を、飲みたいです」

棚にはほうじ茶、緑茶、抹茶、の三種類のお茶の袋があった。日本人よりも日本人らしいと思った。

足元にカラムがまとわりついてきた。人見知りをしない人懐っこい猫だった。

先生はウィーン大学で日本語について教えながら、自らも日本語の研究に余念がない。また、他にも指輪などのアクセサリー製作もしているそうで、自室には小さな工房スペースがあり、専用の器具などが積んであった。彼女もアクセサリー製作ができるそうで、手作りのペンダントを互いに交換して身に着けていた。

「私は、修理、いや、なんて言うのかな、修復、そう、修復の仕事をしているんです」

言葉が出てこないときは、先生に助けを求めながら、丁寧に日本語を話す彼女に好感を抱いた。個人事業主として、ヨーロッパ中で活動しているとのことだった。

時刻は、一時を過ぎていた。頭がぼーっとしてきた。家を出てから、二十四時間が経過していた。二十四時間ぶりに横になりたい、横になって身体を休ませたい、と思った。しかし立ち話は続いた。途中、先生はカラムに餌をやりながら、「この子は芸ができるんです」と言って、「ほら、カラム、お手」と指示を出した。すると猫は犬のように手を出して、先生の差し出した右手に自身の左手をちょこんと乗せた。「カラム、お前は良い子だね」先生は猫を溺愛している様子だった。

私は眠気を我慢しながら、一緒になって猫を愛でた。早くこの時間が過ぎてくれることを願った。私はとにかく横になりたかった。横になって身体を休ませたかった。ぼーっとした頭でそんなことを考えていた。すると、先生がなにを思ったか、

「それじゃあせっかくなのでウィーンの街を三十分ほど散歩しましょうか」

と言った。

私は慌てた。慌てながらも、慌てていることが顔に出ないように意識して、

「すみません明日の朝、散歩したいのですが、朝だと、どうですかね」

と言った。

「朝ですか、いいですよ、それじゃあ朝にしましょう」

私は、先生が気を悪くしないように一生懸命だった。

「嬉しいです。歩くの好きなんで。街も見たいので、朝、ぜひ散歩したいです」

「分かりました。そしたら明日は十時に愛弓《あゆみ》さんとカフェで待ち合わせなので、八時に起きて散歩しましょうか」

愛弓さんは今回の公演の世話人の一人だった。

「ありがとうございます、嬉しいです」

「それじゃあ、えーと、トイレはそこです。お風呂はここです」

風呂はとても広かった。

「お風呂はラブホテルみたいであまり気に入っていません」

ラブホテルのようだとは思わなかった。ヨーロッパ風の広い風呂という印象しか抱かなかった。

「シャワーは浴びますか？」

「はい、浴びていいですかね」

「勿論です。自分の家だと思って、どうぞ自由に使ってください」

なぜそこまで、もてなしてくれるのか。嬉しい反面申し訳ない。彼女と先生におやすみなさい、と挨拶をして、シャワーを借り、寝る仕度を済ませ、ソファーの上に横になる。タオルケットが敷いてあるソファーは私の家のベッドより広く、掛布団と丁度いい高さの枕まで用意されており、贅沢過ぎるほどだった。

七月だというのに、涼しかった。開け放たれた窓から心地いい風が入る。猫がのそのそやってきて、足元でうずくまった。

「蹴飛ばしちゃうかもしれないよ」

猫は聞いているのかいないのか、目を閉じて丸くなっている。冷えるといけないと思い、頭だけ出るようにして布団を掛けてやった。

足を猫から少し遠ざけるようにして曲げる。物音一つ聞こえてこない、静かな夜だった。

Crew

二日目

1

朝起きると足元から猫が消えていた。蹴飛ばしていないといいのだが。開いた窓から冷えた空気が入ってきて気持ちがいい。時刻は六時半。ＳＮＳを覗いたり、撮った写真を見返したりしているうちに、隣の部屋で目覚まし時計の鳴る音が聞こえた。時刻は七時だった。数分後、ガチャ、バタンという音で彼女が出掛けて行ったことが分かった。

朝食は、キッチンで立ちながら食べた。甘いパンに自家製のマーマレードとバターをたっぷり塗ったものを二枚。自家製のマーマレード、というものを先生が作るのかと、意外に思った。甘すぎず、ほのかな酸味が美味しかった。食べているとカラムがやってきたので、一緒に写真を撮った。

「私は朝が苦手なんです。頭が回らない。返事も遅くなります」

「同じです。僕も朝、高座で喋るときは、言葉が出にくくなります」

先生は、私は夜型人間なんですと言いながら、コーヒーメーカーで挽き終わった豆の入ったカップを倒していた。こぼれたコーヒーを拭く動作も鈍かった。

「本当に苦手なんですねふふふ」と言おうか迷ったが、飲み込んだ。

食事を済ませ、着替えようと部屋に戻ると、カラムが窓から外を眺めていた。猫は外を眺めてなにを想うのだろうか。

「カラムが外を眺めていたので、思わず写真に撮りました」

「あの窓は、猫のテレビです」

猫のテレビ。いい表現だと思った。美しく、尊いと感じた。

ウィーンの街はどこを切り取っても、私の頭の中で描いていたヨーロッパそのものだった。

車道の両側には車がずらっと駐車してあり、気になったが、通行する車は全くと言っていいほど見られなかった。

「車がほとんど走ってないですね」

「ウィーンは交通量が少ないです」

私は、街を眺めながら、しきりに「住みたい」「素敵です」など気持ちをわざと言葉にした。勿論、本心から出た言葉だった。だが、そうすることで、先生に気に入られようという下心もあった。私は先生に可愛がってもらいたかった。

「そういえば、ここに日本があります。どこだったっけかな」

路地の途中小さなトンネルがあり、壁に小学生が授業で描いた絵が飾ってあった。

「あぁ、これです」

鬼マスク、というタイトルだった。その名の通り、鬼の面が描かれてあった。

「本当だ、鬼の面だ。日本ですね」

「こっちにもあります」

その絵には、日の丸を背にして立派な松が描かれていた。なんだか嬉しかった。

街を散策しながら日本との違いを発見する度に、海外にいることを実感し、細胞が歓喜に沸いた。心が震えた。特に、古い建物、半裸の作業員、独特な形状のごみ箱、二両編成のバスは印象的だった。

歩いている途中で、自転車で荷物を配達している女性が先生に声を掛けた。

先生と配達員は知り合いのようだった。なんの話をしているのか分からない。思いの外、長いこと話し込んでいる。退屈そうにすれば気を遣わせてしまうと思い、壁に張られていたポスターを写真に収めた。四本の長い女の腕が半裸の男の口に添えられているポスターだった。撮影することで、ひとりの時間を楽しんでいると思われるよう努めた。

空は青く美しかった。

配達員と別れた後、疑問を口にした。

「あの方はどなたですか」

「昔の教え子です」

配達員は、元々大学の生徒だった。だが、卒業せずに辞めてしまったという。五年ぶりに再会したそうだ。

「いろいろ事情があって、辞めてしまったんですが、まさかまた会えるとは思いませんでした」

「元気そうでよかったですね」

「本当にそう思います」

その一言で、元生徒に対する想いが十分過ぎるほど伝わってきた。

途中、先生には草を触る癖があることに気付いた。背の高い草の脇を通り過ぎるたびに、すっ、すっ、と触れて歩く。木の枝を持たせたら、子どもみたいに振り回しながら歩くのだろうか。考えたら少し可笑しかった。

待ち合わせのカフェは、奥が中庭になっていた。広々とした中庭は四方を高い壁と緑に囲まれており、通行人の目を気にせずに済む。我々の他に三組、皆年配の女性ばかり。どんな話をしているのかと先生に訊いた。

「病院の検査の話とか健康の話ですね」

日本と同じだと思った。

「ごめんなさい遅くなっちゃって」

メニューを眺めていると、愛弓さんがやってきた。

黒いTシャツにグレーのカーディガンを羽織り、黒い髪の毛は短く整えられこざっぱりしている。髪に対する執着があまり感じられない。化粧は薄いが、老けて見えない。どこか品があり、不思議な魅力を感じる。

皆揃ったところで店員を呼び注文した。私は羊のチーズのオムレツと黒パン、オレンジジュースのセットにした。

「首都としてワインをつくっているのはここだけ」「仕事終わりで同僚と飲みに行くのは日本独特の文化」「シュニッツェルは絶対ウィーンで食べてほしい」「いいビタミン剤があったら教えて」

「私はお酒が飲めません」

などの話をした。会話は全て日本語だった。先生が「私はお酒が飲めません」と言ったときは、内心で動揺した。ワンカップを手土産に渡せば絶対に喜ぶと聞いていたのに、まさかお酒を飲まないとは。隙を見て一言謝ろう。

二人が食後のコーヒーを飲んでいる間、私はホットチョコレートを飲んでいた。人生初のホットチョコレートだった。味はココアと同じだった。期待していたものとは少し違った。

食事を終えると、先生と別れ、愛弓さんと二人で、明日の公演会場となる日本人学校の下見に行くことになった。

バス、地下鉄、路面電車が七十二時間乗り放題の切符を購入する。改札の機械に切符を通すとスタンプが押される。改札は無人だった。

階段を降り、やってきた地下鉄に乗る。手すりとつり革が発色のよい黄色で統一されており、明るい空間を演出している。ドアには煙草、食べ物、飲み物、犬、のシルエットが描かれたシールが貼られており、それぞれの絵に大きくバツ印がしてあった。犬だけは丸印だった。

「犬、いいんですね」

「そうなの、その代わり乗車賃も取るんだけど」

日本との文化の違いが面白い。

ふと背後から「ヴォンンヴォロロンン」という音が聞こえてきた。中年の男が、ドアの前に立ちギターを鳴らしていた。流しのギター弾きが乗ってくることもあるのかと、思わず目を剥いた。しかし乗客は皆平然としており、ウィーンでは見慣れた光景なのだろう。男は調子をとるようにギターを鳴らすと、その音色に合わせて歌い始めた。

男の歌う歌は、陰気であった。お世辞にも歌が上手いとは言えなかった。男は麦わら帽を被っていた。目の下には、くまができており、目つきが良くなかった。また、男は小太りだった。カールおじさんを連想させた。ただ、カールおじさんのような陽気さはなく、哀愁を売りにしてます、みたいな感じだった。子どもの頃、祖父母に連れられて二俣川の公園でよく遊んだのだが、その度に売店で大好物だったカールを買ってもらったことや、公園内で祖父に後ろから自転車でゆっくり近づき、声を掛け振り向きざまにびっくりさせようとしたら運転を誤って自転車を滑らせ顔を地べたに打ち付けて前歯が二本折れて血を垂らしながら泣きじゃくったこと、それから三日間祖父を恨んだことを、男を見ているうちに思い出した。

車内には男の歌声だけが、悲しく響き渡っていた。

日本との文化の違いに、いちいち面食らっているうちに、目的の駅に着いた。前を先ほどのギター弾きが歩いている。同じ駅で降りたのだった。その背中は、丸々としてどこか愛嬌があった。

地上に出ると、愛弓さんは煙草を吸いだした。

「ここならいいわよね」

「煙草、お好きなんですね」

「そうね、これがないとダメね」

いけないことを楽しんでいるような、そんな笑顔だった。

小学校の下見を終えると、学校で合流したマチさんの車で、この後の公演会場となるウィーン大学まで送ってもらうことになった。マチさんは大阪出身の女性で、ウィーンに来て二十年になる。

後部座席には、犬が乗っていた。知人の犬を一定期間預かっているという。くるくるした薄い茶色の毛に覆われた犬だった。

「えらいすみません、犬、嫌とちゃいます?」

ウィーンで大阪弁を聞くとは思わなかった。

「ええ、大丈夫です、可愛いですね」

「そうなんです、もうほんま可愛くって。昇羊さんは犬派と猫派どっちですか」

「私はどちらの派閥にも属していないし、これからもどちらかの派閥に属することはないと思います」と言いたかった。だが、言えない。代わりに私は、

「どちらも好きです」とだけ言った。

「あ、そうだ、今夜なんだけど、サッカーがあるのよ」

今夜オーストリア対トルコの試合があるらしい。

「で、私は、家で娘と娘の友達と、夫と一緒に見るの。で、マーちゃんは、バーで日本人の仲間と一緒に見るの」

「あ、別行動なんですね」

「そやねん、変わってるやろ、サッカーだけはもうお互い好きなように見んねん」

「でね、マーちゃんと一緒に日本人の皆とバーで見るのと、私と家で見るのと、どっちか選んで」

「え」

突然だった。

「ほんまどっちでもええねん」

「え、あ」

今夜、どちらか一方とサッカー観戦をすることは避けられないらしい。

「私らめっちゃうるさいと思うけど、騒ぐのが嫌ならゆみたんと見てもいいし」

マーちゃんとゆみたん、という互いのあだ名から仲の良さが伝わってきてほっこりした。しかしほっこりしている場合ではない。私は今、二択を迫られている。目の前の女性二人から、どっちをとるか、の二択を迫られている。初めての経験だった。

「でもマーちゃん、私たちもうるさいのよ」

「そうやったわ、ほんならどっちもうるさいわ」

快活な笑い声が車内に響く。私は、もしも片方を選択した場合、選ばれなかった方はどんな気持ちになるのだろうかと考えた。悲しいのではないか。悲しさや寂しさを少しでも感じさせてしまうのではないか。私だったら選ばれなかったら少し悲しい。

「そのバーと愛弓さんの家って、歩ける距離ですか」

「えーとまぁ、そやね、どやろ、まあ歩いて三十分はかからへんと思うけど」

「じゃあ例えば前半をバーで見て、後半を愛弓さんの家で見る、みたいなことって可能ですか」

「それめっちゃええやん」

「そうね、それはいいわね」

「ほんまや、めっちゃ賢いわ、ほんならそれでいきましょう」

自分にとってはどちらか一方を傷つけないための苦肉の策だったのだが、案外、称賛されたことが素直に嬉しかった。

ウィーン大学に到着し、高座の設営を済ませると、マチさんは一旦帰った。校舎で合流した先生と、愛弓さんと三人で近くのレストランへ。先生お気に入りの店だという。

店の前でマスターが手を腰にあて、突っ立っている。先生と挨拶を交わす。とても親しげである。マスターは眼鏡をかけており、常ににこにこしている。そして半袖の柄シャツの上からでも分かるほど、でっぷりと肥えており、腹が尋常じゃないくらい膨れ上がって水風船のようであった。しかしその腹から、太っているが故の醜さはまるで感じられず、むしろ腹からは純真で美しい少年のような雰囲気が漂っていた。美味いものに囲まれて毎日幸せです、と腹がはしゃいでいるように感じられた。

歩道に並べられたテーブル席には、他に客がおらず、外で食べることになった。

「私初めて来た。先生はここにはよく来るの？」

「はい、周りも静かですし、大学からも近いので」

「ほんとそうね」

マスターが黒板を持って来てテーブルの前に立て掛けた。おそらくドイツ語であろう。黒板には料理名と価格がずらっと書き連ねてある。とりあえず先生おすすめの飲み物を、ということになり、皆でリンゴジュースを炭酸で割ったものを注文した。

「こっちの人はお酒を呑むときになんでもかんでも炭酸で割るのよね」

「そうなんですか」

「そう、ビールもワインも。ポカリみたいにぐびぐび飲めちゃうの。だから、ジュースも炭酸で割る人は酒飲みだと思われちゃう」

「愛弓さんはお酒好きなんですか」

サングラスの奥で目が笑っている。

「まあ、そうね」

ごめんねと言って鞄から煙草を取り出す。サングラスをかけて外で煙草を吸う、その姿に違和感はまるでなく、自然体であった。

私は煙草を吸わない。これは私の持論だが、煙草を嗜む女性は、テレビスターや不良の先輩、友人、家族、など周りの影響を受け、吸い始めることが多いそうだが、それは嘘で、実際はほとんどが彼氏の影響だろうと思っている。頼むから過去の男を感じさせないでほしいと思う。しかし愛弓さんは、そういった男の影を感じさせせなかった。心底煙草が好きで吸っている、という感じがした。

　また、煙草は人間としての深みがあるように錯覚させる効果があり、どんな人間も喫煙する瞬間だけは、陰影に富んで見える。無論、喫煙者の中にもそのことを自覚している人間がいるわけだが、ではどのくらいいるのかというと、全員だと思っている。喫煙者は全員、煙草を吸っている最中の己が陰影に富んで見えることを自覚しながら吸っている。しかも中には、遠くを眺めるなどして、より深みを出そうと芝居する者までおり、正直いけ好かない。だが、そういった要素が、不思議と愛弓さんからは感じられなかった。

「あのね、母心でうるさく言っちゃうんだけど」と前置きしながら、愛弓さんがウィーンでの食事の作法について教えてくれた。

「まず、乾杯のときは相手の目を見る」

　グラスを見てはいけないらしい。さらに乾杯したらグラスを置く前に必ず口をつける。食事中に席を立ってはならない。席を立つのは食事を終えてから。女性が席を立つときは男性も少しだけ腰を浮かす。これは敬意を表すため。他にもナプキンの使い方、ナイフとフォークの使い方などについて教わった。

こちらに気を遣いながら丁寧に教えてくれる。私のためを思って。優しさが嬉しかった。ちっとも不快な気持ちにならなかった。

初めに運ばれてきたのは、ヤギのチーズのサラダだった。ほんのりと獣の香りがする。私は抵抗なく食べることができたが、苦手な人は大勢いるだろう。

「愛弓さん、どうですか？」先生がおかわりをすすめた。

「私はもういい」

苦笑いを浮かべている。

「革ジャンを食べてるみたい」

独特な表現だと思った。革ジャンという喩えにはピンとこなかったが、可愛らしい喩えだと思った。

大皿に乗った料理が次々と運ばれてきた。皿には、「焼いたポテト」「あんず茸」「豚のヒレ」「ニョッキ」、などが乗っていた。どれもウィーンでおすすめの料理だそうだ。その土地の味を楽しみながら、海外に来ていることを実感した。愛弓さんが煙草を吸いながら、先生と日本語で話をしている。私には関係のない話だった。柔らかい日差しが街を包んでいる。風が心地よくたゆたっている。視界に入る建造物のどれもが、ここがヨーロッパであることを教えてくれていた。

2

公演を終えるとマチさんの車でスポーツバーへ。マチさんと同じ小学校だったという関西出身の女性、そのご主人、女ギタリスト、今日で五十四歳の誕生日を迎える国際連合職員、タイガン君と呼ばれる男の子、とテーブルを囲み、対トルコ戦を観戦した。飲み物を頼む段になると、私の正面に座った夫婦が、「シュルディグン」と言って店員を呼んだ。しかし店員はカウンターの向こう、店の奥の厨房へと消えてしまった。

「ちょっと忙しいのかも」

店はサッカーファンで盛り上がっていた。店の半分はテーブル席になっており空いていたが、もう半分を占めるカウンター席と立ち席は満席だった。

「シュルディグン、っていうのは、どういう意味なんですか」

「今のはドイツ語で、すみません、ごめんなさい、って意味。覚えておくと便利かも。困ったらとりあえず、シュルディグンって言うたったらええねん。呪文みたいなもんです」

「僕、言ってみてもいいですか」

「お、ええやん。ほんなら、お願いします」

私はカウンターを振り返り、店員の様子を窺いながら、今だ、というタイミングで声を張り上げた。

「シュルディグン」

気恥ずかしさにまみれながら、私は声を飛ばした。店員は気付かない。それもそのはずで、その声には、己で気付くほど自信のなさがはっきりと表れており、「シュル」ははっきり言えたのだが、「ディ」から尻つぼみに声量が小さくなり「グン」は目も当てられない惨状だった。カウンターに座り、筋骨隆々の腕でジョッキを煽っていた男がこちらを向いた。その男は、「なんだ今のシュルディグンは。全くもって女みてぇな声量じゃねーか。余程軟弱なもやし野郎に違げぇねぇ。しかしそんな軟弱もやし野郎がこの店にいるはずが、あ、いた」というような表情を浮かべ、私を一瞥すると、なにも見なかったかのように正面のテレビを眺めた。嘲笑された気がして、一層恥ずかしい。けれども私は負けない。なにに。分からないが。嘲笑した奴らを見返してやりたい。その一心で、再びシュルディグンを唱えた。しかし店員は気付かない。五度目のシュルディグンで、漸く店員が気付いた。注文を済ませると、目の前にいた夫婦のうちの奥さんの方が「めっちゃ発音うまいやん」と言った。

「え」

「ほんま、めっちゃ上手やったで。なぁ？」

「いや本当に、上手でした」

主人が賛同する。

「ほんまに初めて？　めっちゃ発音完璧やったで」

私の唱えたシュルディグンを、夫婦揃って、称賛してくれた。私は嬉しかった。確かに一回目のシュルディグンは、決して褒められたものではなかったと思う。だが、二回三回と発声するうちに、自然とコツを掴んでいたのかもしれない。私は英語検定準二級の資格を持っている。素養があったのだ。ほんのりと内に自信が湧いたことを感じた。

飲み物が運ばれてきた。私の注文した柑橘系のカクテルソーダは、夫婦お薦めの酒だった。愛弓さんに教わったことを思い出し、グラスではなく、皆の目を順に見ながら、乾杯した。皆なんとなく、ちらと目を見る程度だった。はっきりとは目が合わなかった。当然である。やはり目を見るのがここでのマナーであるとはいえ、根は日本人なのだ。私はどこかほっとしながら、ふと、マチさんの目を見る。

はっきりと目が合った。

抉るような目でこちらを見ていた。異様だった。口角は上がっているのだが、目は笑っておらず、見開かれていた。私が乾杯のマナーを知っているのかどうか、探っているのかもしれなかった。

料理の注文が決まると、再び私は店員を呼んだ。

「シュルディグン」

「シュル」までは明瞭だが「ディ」の発音が今一つ分からないため、相変わらず語尾にかけて声量が小さくなった。また、そのせいで「シュルディ」と「グン」の間に変な間ができた。しかし夫婦は私が「シュルディグン」と言うたびに、褒め称えてくれた。

「めっちゃいいですよ」

「そうですか」

「本当にドイツ語喋ったの初めてですか？」

「ええ、そうです」

「ほんま上手ですね。ドイツ語の発音ってほんま難しいんですけど、めっちゃぺらぺらですよ」

「ありがとうございます」

「あ、店員さん、気付いてないかも、ほんなら、またシュルディグン、お願いしていいですか」

「あ、分かりました」私は店員に向かって「シュルディグン」と呼んだ。すると奥さんは手で口を押さえ、「え、待って、ほんますごいわ」と言った。少し芝居じみていた。あれ、と思った。すると、奥さんが明らかにふざけた調子で、

「私ウィーンに来て二十年になりますけど、そんなうまく言えたことないですもーん」と言った。

私は担がれていたのである。煽てられて調子に乗る私を見て嗤うつもりだったのである。しかも夫婦揃って。夫婦は、大阪の生まれである。大阪の人間は、常に笑いを欲しているというのか。たしかに楽屋で上方落語家と喋るとき、彼等は常にオチのある話を求めている。うっかりオチのない話をしたときなどは、あからさまに「しょーもな」という顔をされ、以後、侮蔑される。県民性なのだろう。その姿勢は正直鬱陶しいのだが、私は落語家なので普段から話にオチを付けるべきで、それができない私にも問題がある。

私は夫婦に担がれていたことに気付いたことを伝えた。夫婦はやんわりと否定していたが、本気で否定しているわけではなかった。私は、そこまで強く非難するのは失礼になる、と思いながら、それでも向こうが求めているであろう、ある程度の強い口調で、「いや、僕のシュルディグン、そんな上手じゃないですよ」と言った。「そんなことないですよ」「本当ですか」「勿論、本当に、え、現地の人かと思いました」「どこがですか」「絶品のシュルディグンですよ」「そんなわけな

いでしょ」などと、テレビのバラエティ番組のようなやりとりを楽しくなぞりながら、へらへらと酒を飲んだ。飲みやすいカクテルであった。

オーストリアは二対一で負けていた。得点が決まる度に、店内が沸いた。しかしその歓声や悲鳴は、私の想像を上回らなかった。机をガンガン叩いたり、ジョッキを粉々にしたり、大漢が泣き叫んだり、というようなことはなかった。また、どうやらマチさん以外の日本人の皆はサッカーにそれほど興味がないようで、点を取られて悔しがっていたのはマチさんだけであった。

3

ハーフタイムになると、マチさんがタクシーを手配してくれた。皆に別れの挨拶をして、到着したタクシーに乗った。マチさんとは明日も会う。タクシー内は、当たり前だが、私と外国人運転手の二人きりだった。知らない外国人と二人きりの状況に少し緊張した。運転手はイヤホンを付け、ハンドフリーで誰かと通話をしている。全くわけの分からぬ場所で降ろされたらどうしようかと、不安だった。だが、タクシーは目的通りの場所に連れて行ってくれた。外では愛弓さんが迎えてくれていた。

先生の家よりも広い居間には、Ｌ字型に並んだ二台のソファー。奥から愛弓さんの娘のナオミさん、ナオミさんの友人、そのボーイフレンド、愛弓さんの旦那、が、ソファーに腰掛け、夢中になって試合を観戦していた。部屋は薄暗かった。私が来ると、それぞれ一言二言挨拶を交わし、後は試合に釘付けだった。誰も私に構う素振りを見せなかったことが、却って気を楽にさせた。小さなテーブルの上には、酒のボトルが一本と、グラスが幾つか置いてあるだけだった。空いたポテトチップスの袋や、柿ピー、食べかけのサンドウィッチ、潰れたビールの空き缶などが散乱しているのだろうと思っていたので、意外だった。

私が床に座ると、「そんなところに座らないで、こっちに来て一緒に見ましょう」と、愛弓さんが手招きしてくれた。私はソファーの端に座った。右隣にはご主人。左の椅子では愛弓さんがワインを片手に煙草を吸いながら、前傾姿勢で食い入るようにテレビを見つめている。私は隅っこが好きなので、皆の輪の中にいるのは少し居心地の悪さを感じたが、それも初めのうちだけで、すぐに慣れていった。

オーストリアが劣勢のようで、幾度となくピンチが訪れる。その度に愛弓さんとナオミさんはなにかを叫ぶ。

「ナインッ」

意味を問うと、ドイツ語で「ノー」という意味らしい。

そしてとうとう得点を決められてしまうと、ナオミさんは、両手で頭を抱えた。それからソファーの上に膝立ちになり、絶叫した。野太い声だった。さらにおそらく罵詈雑言の類だろうと思われる言葉を吐いた。と、同時に愛弓さんが椅子から立ち上がり、煙草を指に挟んだまま、おそらくチームをなじるような言葉を叫んだ。煙も一緒に口から吐いた。街を破壊してまわる怪獣のようだった。煙草を持つ手と反対の手にはワイングラスが握られていた。ご主人は眉間に皺を寄せ口を真一文字に結び、ナオミさんの友人は目を瞑って天を仰ぎ、その彼氏は着ていたパーカーのフードを被り頭を抱えて俯いたまま動かない。

試合が終わると、ナオミさんの友人とボーイフレンドは帰って行った。勝ったのはトルコだった。タクシーの手配をしてもらい、到着までの間、学生時代服飾デザインを学んでいたというナオミさんが、自らのお気に入りの洋服を見せてくれた。私の趣味は古着収集なのだが、そのことを伝えると、明日、空いた時間で古着屋を案内してくれるという。なぜそこまで親切にしてくれるのか。人見知りという感覚はないのか。不思議に思いながら、日本人学校での公演後、昼過ぎに会う約束をして、私は愛弓さんと表に出た。

「あぁ、最悪だわ」

見ると、クラクションを鳴らしながら走り回っている車がある。トルコ人が歓喜のあまり、はしゃいでいるようだった。

「あれ、ごめんなさい、さっき予約したタクシーが別の場所にいる」

「僕は急がないので、ここで待ってますよ」

「ちょっと待って、嘘でしょ、あれ、タクシーが捕まらない」

「地下鉄の駅の場所を教えていただければ、電車で帰りますよ」

「いや、それは危ないから、ちょっと待って」

愛弓さんの携帯の画面に表示された配車アプリには、タクシーの場所と迎えを依頼した場合にかかる時間が表示されており、どれも二十分以上かかる見込み。「あぁ」「うそ」「ダメだわ」などと呟き、「仕方ない、それじゃあ先生の家まで一緒に行きましょう」

申し訳なさから何度か断ったが、結局一緒に付き添ってもらえることになった。

夜道を二人で歩いていると、時折トルコ人の乗った車とすれ違った。クラクションを鳴らすなどしてはしゃいでいる彼等の車とすれ違う度に愛弓さんは頭を掻きむしり、それでも我慢できないときは地べたに打ち付けるように「ファック」と言って怒りを露わにした。感情を剥き出しに悔しがる様子は、見ていて可笑しかった。地下鉄に乗って十分ほどで電車を降りる。町の歴史、ナオミさんの話、主人の話、父親の話、仕事の話など話題は移り変わりながら、私は、内心で緊張しており、焦っていた。話半分でしか聞いていなかった。なぜなら、昼間から食事の度に炭酸の含まれた飲料を飲み続けていたせいで、腸の中にガスが溜まって膨れ上がっており、気を抜いた瞬間に放屁してしまう状態だったから。それも、音の出ぬように少しずつ放屁を繰り返し、溜まったガスを抜いていくことができればよいのだが、間違いなく音が発せられてしまうことは、感覚から明らかだった。私は、愛弓さんの前で放屁をしたくなかった。だがなぜ放屁をしたくないのか。それは人前で屁をこく、という行為が恥ずかしい行為だから。いや、果たして本当にそうだろうか。ここで私はふと放屁という行為は本当に恥ずかしい行為なのだろうかと考えた。幼い頃から教育や家庭環境によって刷り込まれた幻想なのではないか。私はなんにしてもまず初めに疑ってかかる癖があるのだが、屁に関しては今まで一度も疑うことなく、人前でこいたら恥ずかしいと思い込んできた。これを機に再考してみるべきなのかもしれない。そのことで、放屁は恥ずべきことではないという新常識に立ち会えるかもしれない。では、愛弓さんの隣で放屁をしたかというと、私はしなかった。なぜならどう考えても放屁は恥ずべき行為であり、放屁は恥ずべき行為ではないという新常識などは存在するわけないし、仮に存在するとしてもそんな新常識を唱えるのは私の役割ではない。

なので私は放屁を我慢した。先生の家の前に到着し、予め預かっていた鍵をもたつきながら取り出し一階のオートロック扉を開け、中へ進みエレベーターに乗り込み、これで思う存分放屁をすることができると思いきや、愛弓さんも同乗してきたので、我慢。エレベーターの速度はゆっくりで、その間私は生きた心地もしない。四階で降り、すぐ左手にある先生の部屋の扉に鍵を差し込むと「ガチャッ」という錠の外れる音がしたので、その音に紛れて放屁をしようとしたのだが、しようとしたときにはもう、静寂。

「なにからなにまで、ありがとうございました」

扉を開け、腰を屈めながらヤドカリのように後ずさりして部屋の中へ入り、いつ爆発するか分からない私の尻を部屋の中に閉じ込めるイメージで扉を閉めながら、顔だけ出して挨拶をした。

「じゃあまた明日。おやすみなさい」という愛弓さんの挨拶に返事をしようと口を開きかけたとき、ぶぅっ。

はっきり屁だと分かる音だった。誤魔化しは効かなかった。では、実際に愛弓さんの前で放屁をしてどうだったか。

羞恥と情けなさで、消えてしまいたいと思った。愛弓さんの顔をろくに見ることができなかった。やはり新常識など存在しなかった。

「あぁ、すみませんへへ、おならしちゃった。すみません、へへ、また明日、よろしくお願いいたします、へへ」

へらへらすることでしか誤魔化せなかった。惨めであった。哀れであった。それから、扉を閉めると、腸と肛門の緊張が一気に緩んだのか、「ぶぅっぶぅっ」と、二発、後はもう止められなかった。尻に力を入れたり足踏みをしたりと悪あがきしたが無駄だった。連続して放たれた屁の音は大きく響いた。先生と彼女は間違いなく目覚めていることだろう。

「あぁ、とまらない。ふふふふっ」

可笑しくて笑っているわけではなかった。羞恥のあまり、笑うことしかできなかった。今にも先生がニヤニヤしながら「すごい屁でしたね」と言って部屋から出てくるのではないかと思った。だが先生の部屋から、先生は出てこなかった。それどころか、物音ひとつしなかった。私の笑い声と、放屁の音だけが、自己意識を伴って、闇の中で聞こえていた。

INSIDE
VIEWS
ZEITGENÖSSISCHE
FOTOGRAFIE
AUS CHINA
19.06 – 11.08.24

三日目

1

目が覚めてすぐに時間を確認しようと携帯電話に手を伸ばすと充電が切れていた。昨夜、コンセントにプラグを差し込もうとしたのだが、まるで差せなかったことを思い出した。灯りを点けると迷惑がかかると思い、暗闇の中手探りでコンセントの穴を確認し、ここだ、と狙いを定めてプラグを差し込んだのだが、どうしても差さらなかった。日本と違い、差し込み部分の穴が三つあるせいか、どうもうまくいかず、仕方なく諦めて寝てしまったのだった。

ところが朝起きてプラグを差し込んでみるとすんなりとうまくいった。不思議なものである。

先生が朝食のパンを買ってきてくれた。どれもウィーンでは知らぬ者はいないという有名なパンであるらしかった。名は忘れた。どれも甘く、日本で食べるパンとは違う味わいだった。

愛弓さんが先生の家まで迎えに来てくれた。その車で、日本人小学校へ向かう。公演は盛況だった。昼のうちに終えると、マチさんの車で、愛弓さんの営むスーパーマーケットへ移動する。日本の食品を扱う小さなスーパーマーケット、NIPPONYAは父から継いだ店らしい。愛弓さんは、その店の社長だった。マチさんと一旦別れる。夜にまた皆で会食することになっていた。

愛弓さんから中で少し待っててと言われ、店内に入る。昔懐かしい酒屋の匂いがした。そういえば子どもの頃、米、味噌、アイス、駄菓子、酒、煙草、新聞、などを扱う、コンビニでも大型スーパーでもない小さなスーパーが近所に二、三軒あった。そのうちの一軒は「えちごや」といって、たしかそこで働いていたお母さんの息子が、ニイノ君という同級生で、そのニイノ君の兄は、私が居酒屋でバイトをしていたときのバイト仲間だった。十代の頃の話である。ニイノ君の兄はバイクが好きだった。そんなニイノ君の兄が、ある日の夜中に、国道を走っていると、暴走族に追いかけられて、めっちゃやべぇ、ってなって、でも、まいた。めっちゃスピード出した。みたいな話を興奮しながら喋っていたことがある。他にどんな話をしたか、一切思い出せないが、なぜだかその話だけは鮮明に覚えていた。そのときのニイノ君の兄は、ティンバーランドの黄色いブーツにダメージの入った太いジーンズを穿いていた。

郷愁に浸っていると、ナオミさんと、昨夜一緒にサッカー観戦をして過ごしたナオミさんの友人がやってきた。店の外から手招きしている。

「こんにちは。昨日はありがとうございました」

「こちらこそ、楽しかった」挨拶もそこそこに「お茶を飲みましょう」と言って抹茶カフェへ。

スーパーの隣が「CHANOMA」という抹茶を出すカフェになっており、ここも愛弓さんが経営している店だった。

「好きなの選んで」

冷たい、温かい、濃い、薄い、などを選べるようになっていた。抹茶自体にも様々な種類があるようだった。生涯で二、三度しか抹茶を飲んだことのない私は、抹茶についてなにも知らない。抹茶のアイスや、抹茶を使ったシフォンケーキなど、たまに目にすることはあるが、まず口にしたいと思ったことがなかった。

「好みはありますか」

私は苦みの少ないものがいいな、と思った。しかしそもそも抹茶自体苦い飲み物のはずである。コーヒーの好みを訊かれて苦くないものが好きです、と答えているのと同じで、それでは「カルピスでも飲んでろ」と胸の裡で罵倒されてしまう。なので私は、「苦くないもので」と言いたい気持ちをぐっと堪え、お任せすることにした。CHANOMAの従業員は皆日本人だった。

抹茶は飲みやすかった。緑茶を濃くしたような味だった。だが、「緑茶を濃くしたような味ですね」とは言わなかった。なにかを評するときに、不用意に他と比較して失敗したことが度々あった。そのことを覚えていた。なので「美味しいです」とだけ言った。賢明な判断である。和風の絵が描いてあるポストカードが置いてあったので、何枚か購入した。着物、松、鶴、などの絵が片面に描かれていた。

愛弓さんが用事を済ませ戻ったので、ナオミさん、ナオミさんの友人と、四人で商店の建ち並ぶ一画を歩いた。腹が減っているか訊かれ、少し空腹であることを伝えると、「ぜひ食べてもらいたい美味しいソーセージの店があるので、そこで食べましょう」と言う。見ると、数人の客が列になっている。

「ここのソーセージをぜひ食べてもらいたいの」

ドイツ語でソーセージ屋と書かれた看板。働いているのは男性一人。手際よくソーセージを焼く様子を、ガラス窓越しに見物する。焼いた肉のいい匂いがしてくる。船形の紙皿に盛られた焼き立てのソーセージは、一口大にカットされており食べやすい。焼きあがったものを受け取り、脇にあるテーブルに並べる。ソーセージの他にもパンや細長いパプリカのようなもの、ピクルスも注文した。

ソーセージはどれも美味しかった。外で立ちながら食べるのも良かった。三人は「私はこれが好き」「私はこっち」と、明らかに好みがあるようだったが、私にはどれも等しく美味しいと感じられた。その中でもチーズが入ったソーセージは日本で食べたことがなかったので印象に残った。表面に小さな穴が空けられており、焼くことで穴から溶けたチーズがにゅるっと出てくる仕掛け。

細長いパプリカのようなものは、酢漬けになっており、先端を齧ると中から沁み込んでいる酢が溢れ出るので気を付けて食べる必要があるらしい。どれどれ、と一口齧ってみる。なるほど確かに酸味のある液体が口の中に流れ込んできた。と、液体は予想以上の量で、どんどん溢れ出てくる。これが甘い液体ならばごくごくと飲み干せるのだが、酸味が強いため勢いよく飲み干すのは難儀である。顔をしかめて、「いやちょっと」「ちょっとこれ」「うぉっつ」などと呻きながら、零さぬようにちゅーちゅー吸っていると、横で女子二人が笑っていることに気付いた。

私は、人が悶えている姿を見て笑うなんて、失礼だ、とは思わなかった。馬鹿にされて悲しい、という感情も生じなかった。ではなにを思ったか。もっと笑われたい、と思った。もっと笑われたいという下心が私の中で生じていた。そして実際に、私はもっと笑われるためには、より滑稽な感じに映る必要がある、と考え、工夫した。まず、スタンスを広くとって、がに股になった。次に、表情筋に力を入れ、より悶絶しているような顔をつくった。さらに声もより大きな声を意識し、喚いた。パプリカの中の液体は、とっくに空っぽだった。しかし私はまだまだ液体が溢れ出てきているように見えるよう、芝居をした。ちらと女子二人の様子を見遣る。笑っている。しかしなにか物足りないというか、場の空気を支配しきれていない感じがした。一体なぜなのか。それはおそらく、私の中で気恥ずかしさを捨てきれないでいるから。そのため、がに股も思ったよりがに股になっておらず、表情も少し固い。声もそこまで出ていない。中途半端な状態であった。気恥ずかしさを捨てきれないせいで、嘘くさい感じになっていた。そのせいで、真に滑稽な感じに映らず、女子二人の笑い方も、こちらの意を汲んで、優しさで笑っているような、どこか気を遣って笑ってくれているように感じられた。

それから二人はヒソヒソ言葉を交わし、互いにクスクスと笑っている。明らかに陰口である。私は芝居をやめ、なにを喋っていたのか尋ねると、

「彼は生粋のコメディアンだわ、って彼女が言うから、ほんとにそう、生粋のコメディアンよね、って言ったの」と、ナオミさんが教えてくれた。私は生粋のコメディアンである。

2

昼食を済ませると、ナオミさんと二人で古着屋をまわることになった。昨夜の約束を覚えていてくれたようだ。夜は日本人学校の先生方との会食が控えていた。それまで二時間、行きつけの店を案内してくれた。ナオミさんは今年二十六歳になるという。他にも、自分の好みの服装について、マリファナの匂いの特徴について、好きな男性の存在について、などの話をした。ナオミさんの人となりが徐々に分かり始めた。

「ここは私の友達がやってる店」

道路に面した店は壁がガラス張りになっており、店内が丸見えだった。ラックには僅かに服が掛かっているのみ。あまりに数が少ないので、ディスプレイのようでもある。店の端には赤と銀色の幾何学模様の大きなソファが置いてあり、そこに白いTシャツに赤いハーフパンツ姿の若者が深く腰掛けていた。若者は店員のようだった。ナオミさんに気付くと、すくと立ち上がり、気さくに挨拶をする。首元の広く開いた白いTシャツから、刺青が覗いている。首元には赤いキスマークの刺青。右腕にはチェーンと骸骨、左腕には手と足それぞれがやたら長い生き物の刺青が彫られていた。子どもが描いた猿のようなイラストだった。オリジナルの生き物だろうか。

少しの間、世間話をした。つい先日、日本を訪れていたらしい。彼は日本が好きなようだった。

「とっておきを見せてあげる、と言っているわ」

店員の言葉をナオミさんが通訳してくれた。店の奥、従業員用のスペースに通してくれる。表より多くの服が置いてあった。

「レッドブル飲むかいって言ってるけど」

「断っても大丈夫であれば断りたいです」

「オーケー」

レッドブルを断ってもらい、本来は入ることのできない場所で、とっておきの服を見せてもらった。

まず店員が見せてくれたのが、スニーカーだった。それも、一般的なスニーカーとは違うスニーカーだった。それは、黄色と緑の毛で覆われたもふもふしたスニーカーだった。さらに特徴的なのが、ベロの部分が熊のぬいぐるみのようになっている点で、その熊は、ブランドのロゴが入ったキャップを被っているのだが、キャップの下で目が半分飛び出しており、左右あらぬ方向を見ていて、不気味であった。

「どうしても欲しいなら売ってあげるって言ってるわ」

私はナオミさんを介さず、直接彼に「せんきゅー」と礼を言った。

次に見せてくれたのは、日本のブランドのシャツ。男性トップアイドルが着ていて人気になったブランドだった。

他にも、日本のブランドの服が沢山あった。どうやら日本の服を気に入ってくれているようで、嬉しかった。

「どうしても欲しいなら売ってあげるって。ただし安くはないみたいだけど」

なるほど、きちんと断らなければならないのか。

「ごめんなさい、今回は買わないけど、素敵な服でした」と言ってから、目でナオミさんに通訳を促した。言葉が分からないからこそ、断りやすかった。

一通り見終え、切りの良いところで店を出た。

「ちょっと待って」

ナオミさんがすたすたと先を歩く。停まっているトラックの側にいた運転手に、なにか話しかけていた。知り合いだろうか。ライターを借り、煙草に火を点ける。礼を言って立ち去った。

「知り合いですか」

「いいえ、知らない人」

「え」

「私よくライターをなくすの。こんな性格だから、よくママに注意されるんだ」

「え、あ」

ライターをなくす人は日本にもいる。だが道ですれ違った人にライターを借りる女性を私は知らない。

それから古着屋を二軒まわった。日本の古着屋と違い、値札には値段しか記載されておらず、他の情報は一切ない。日本の古着屋がいかに親切か、ということがよく分かる。

散々試着した結果、二軒目の古着屋で、柄シャツを十五ユーロで購入した。壁に掛かっていた半袖のシャツだった。ラックではなく壁に掛けてあったということは、店側もそれなりに目玉商品として扱っていたのだろうか。仮にそうだとしたら嬉しいなと思った。

店を出ると、まだ会食まで三十分ほどあるらしかった。

「ナオミさんは参加しないんですか」

「私はしない。でも、どう？　歩き疲れたんじゃない？」

なぜだか、ナオミさんがほんの少し緊張しているように見えた。

「まあそうですね」

「足も疲れたでしょ」

「そうですね」

「まだ少し時間があるから、よかったら家で、チルしてく?」

まず、動揺した。チル、というのは、休息の意味である。つまりナオミさんは、私を家に招いて休息しようと言っているのだった。足の疲れを口実に、私を自宅に誘っているのだった。次に、私は、この場合どう返事をしたらよいのだろうかと考えた。というのは、男女二人っきりで散歩した後に女が男を家に上げようとする。これは間違いなく男に対して好意があり、より親密な関係を築きたいという意思の表れである。考え過ぎだろうか。いや、考え過ぎではないのではないか。

いずれにしても異国の地で起こることには抗わずにいよう、という、日本でぼんやりと考えていたことを思い出した。もしも百万が一なにか間違いが起きそうになった時には、いや、それ以前になにかそういった気配を感じ取った時点で、回避できるよう警戒しながら、私は誘いに乗ることにした。

「え、いいんですか」

「どうかしら」

ナオミさんの表情に再び緊張が走った。そんな気がした。

「ありがとうございます」

「オッケー、じゃあ、行きましょう」

昨夜訪れた建物の入口だが、昼間見るとどこか違って見える。一階から二階三階へと階段を上がる。ホテル、あるいは学校のような幅広の階段である。

わたしはこれからどうなるのだろう。オーストリアではマリファナは合法である。ということはナオミさんがマリファナを所持していても罪には問われない。妄想しながら家へ上がる。物音が聞こえる。どうやら父親がいるらしかった。私は安堵した。しかし私は、どこかで二人きりの状況になることを期待していたのかもしれなかった。

夜は騒がしかった部屋も今は静かである。父親に挨拶をしてからソファーの端に腰をおろす。テーブルの上は昨夜サッカー観戦をしたときと同じ状態のままだった。

窓が開けっぱなしになっており、心地よい風が入ってくる。窓の外は人ふたり分のスペースがあるベランダになっていた。「せっかくだから写真でも撮りましょう」と言われ、ベランダへ出る。私は高所恐怖症のため、三階から見下ろす街並みを楽しむ余裕はなかった。

室内に戻り、世間話をしているうちに、話題はナオミさんが三年間想い焦がれている男性の話へと移った。今夜その人の誕生日パーティーがあり、そこで気持ちを伝えようか迷っているらしい。相手もナオミさんの想いには気付いているようで、もしかしたら付き合えるんじゃないか、という。だが、まだ分からない。そんな話だった。青春である。

私はなにかアドバイスを求められたが、恋愛において私からなにか助言できることなどあるはずもなく、しかしなにも言わないのでは場が白けてしまうと思い、「挫折はした方が強くなれるから、どんどん挫折した方がいいよ」という、見当違いなことを、低いトーンで言ってしまった。ナオミさんは「うーん」と言ったきり黙っている。

静寂が重くのしかかってきた。

会食の時間が近づいた頃、ナオミさんの携帯に、そろそろ戻りなさいという催促の電話が入った。母、愛弓さんからだった。家を出ると待ち合わせの場所まで見送ってくれるという。道中、「昇羊さんの奥さんはどんな人ですか」と訊かれたので「底抜けの馬鹿です」と答えた。

「底抜けの馬鹿？」

通じなかったことを意外に感じた。

「あ、えっと、なんていうか、意味はないです。音で覚えてください」

言葉の意味とその発言の真意、などを上手く説明できる気がしなかった。そして、「もしよかったらお母さんに言ってみてください。出会い頭に」と付け加えた。ちょっとした悪戯心である。

丁度待ち合わせの場所で愛弓さんがこちらに気付き手を振っていたので、「お母さんは底抜けの馬鹿だねって、ぜひ」と念押しした。「分かりました」と言って、「底抜けの馬鹿、底抜けの馬鹿」と小さな声で反復練習してから、声の届く距離に近付いたところで、「お母さんは底抜けの馬鹿だね」と言った。愛弓さんも意味が分からなかったらしく、「なんか教えたの」と笑っている。私はひとり満足しながら、へらへらと詫びた。それっきりである。まるで拘泥することなく、それじゃあ行きましょうと、歩き出す。

街は黄金色に輝いている。皆にとっては日常に過ぎない。

3

ナオミさんとはここでお別れだった。明日は会えるか分からないという。私はウィーン式の挨拶をしたいと伝えた。つまり、ハグである。感謝の想いを言葉以外の方法で伝えたかった。海外で初めてハグの挨拶をした。想いが伝わったかどうかは分からなかった。

会食は、レストランで行われた。人気店らしく、テラス席は大勢の人で賑わっていた。

先生とマチさんと合流し、他に日本人学校の校長、生徒から絶大な人気を誇っていた男性教諭も参加。計六名、テラスでの食事だった。

出てくる料理はどれも美味しく、マチさんと愛弓さんと男性教諭は沢山酒を飲んだ。私と先生と校長は、味見程度の量しか飲まなかった。

愉快な時間はあっという間に過ぎ去る。時刻は二十二時を過ぎようとしているのにまだ日は落ちきっていない。相変わらず妙な感覚である。店を出るとそれぞれが地下鉄駅へと吸い込まれていく。マチさんともここでお別れだった。次いつ会えるかは分からない。もう二度と会えないかもしれない。最後まで笑顔を絶やさない明るい人だった。私はその顔を忘れまいと、脳裏に焼き付けるつもりで、いつまでも手を振った。

私と先生は家まで歩くことにした。先生は自前の電動スクーターを押していた。猫ひっかき病という病気の話や、日本語についての話、校長先生の名字が「柘植」と書いて、つげ、と読む、珍しい名字だった話。他にも、酒の話やマチさんの話もした。先生はマチさんはじめ、愛弓さん以外の人とは初対面だった。

突然後ろから「ナイス、着物」と声を掛けられた。振り向くと、ひげを蓄えた恰幅の良い男。隣に同じような体型の男が並んで立っていた。その国の言葉、おそらくドイツ語でなにか話しかけてきたので、代わりに先生が受け答えをしてくれる。目で通訳を求めると、「あなたの格好は最高ですと言っています」と教えてくれた。

「ありがとう、せんきゅー」

男がなにか言う。先生が通訳してくれる。

「私はエステティシャンの仕事をしています」

「へぇ」

「エステティシャンとして、いろんな人の格好を見てきましたがあなたの格好は一番いいです」

「わあ嬉しい、ありがとう、せんきゅー」

どこから来たのか訊かれたので、日本だと答えると、「日本は最高だ」と言う。

「私は資生堂の化粧品を使ってます」

「おお、日本のですね」

髭の男がなにを言ったか分からないが、先生が驚いている。なにを言ったのか目で訊ねると、

「この方は今年で五十歳だそうです」

「えぇ、見えない」

世辞や愛嬌でなく、本心から出た言葉だった。

男は自分が五十歳であることを証明すると言って、運転免許証を見せてくれた。生年月日が記載してある。薄暗くてよく見えなかったが、そもそも疑っているわけではないので見えなくても構わない。「本当だ、すごいですね」と驚嘆してみせた。勿論日本語は通じないだろうが、感情が伝わればそれでいいと思った。

それから先生はしばらく髭の男と会話していた。その間、私は先生の目をちらちら盗み見ていた。というのも、私はこの男二人が、暴漢、追剥、無頼漢、の類である可能性を疑っていたからである。そのため、先生の目の奥にちらとでも影が差した瞬間、男たちから逃げられるよう、常に先生の表情、気配、を窺っていた。ところが先生は柔和な表情を崩さないどころか、時折笑顔を交えながら男二人と話している。ということは、男たちは安心安全なのか。いや。頭の中で別の考えが浮ぶ。初対面の私を三泊もさせてしまうような先生である。ひょっとして警戒心の足りない人なのではないか。危機管理能力に乏しい人なのではないか。先生が男の本性を見抜けず、油断したその瞬間、暴行、強奪、連れ去り、などの被害にあってもおかしくない。私は警戒心を緩めぬまま、先生と男たちの様子を窺った。

五分ほど経ったろうか。なんだか悪い人達じゃないのだな、というのは雰囲気から察せられた。それから、そろそろ帰りたいな、と思った。なので日本語が通じないことをいいことに、「先生、そろそろ」と言った。先生は察してくれたようで、なんとなくだが、別れの挨拶を述べてくれたのが分かった。すると髭の男が先生と固い握手を交わし、次に、私にも手を差し伸べた。「せんきゅー、また会いましょう」と言って握手に応じるため、私は右の手を伸ばした。

そのときだった。

髭の男が私の手を取ったかと思うと、丸々と太った芋虫のような唇で、甲に接吻したのである。生暖かい粘膜のねっとりとした感触と唇の柔らかさが手の甲から伝わってきた。

「オマイガー」

思わず口を衝いて出た言葉は「オマイガー」だった。

私は今まで他人から手の甲に接吻されたことが一度もなかった。そのことに気付いたのと、口から「オマイガー」という言葉が出たのは、ほぼ同時だった。

私はしかし、「オマイガー」と言ってしまったことで相手の気を悪くさせたら申し訳ないと思った。なので、慌てて「せんきゅー」と言った。そうすることで「オマイガー」をなかったことにしたかった。勿論なかったことにはできなかった。

4

帰り道、私は手の甲に残る分厚く柔らかな感触に戸惑いながら、どこかで出来事を楽しんでいた。

先生は電動スクーターを押している。

「これ乗ってみますか？」

電動スクーターは、近頃日本でもよく見掛ける。目にするたびに、乗ってみたいなと思っていたところだった。

「いいんですか」

「勿論です」

簡単な操作方法を教えてもらい、ハンドルを握った。アクセル、ブレーキは原付バイクと同じ要領だった。

おそるおそるアクセルを回す。ゆっくりと加速していく。車の通行がほとんどないので、初心者にも安心だった。

車の往来に注意しながらスピードを上げる。ゆっくりだが確実に、速度が増していく。二十メートルほど進んだところで、後ろを振り返る。先生が歩いている。私はスクーターに乗ったままUターンし、先生の元へ戻ると、隣に並んだ。

「もういいんですか」

「はい、楽しかったです」

「もっと乗ってもいいんですよ」

「いえ、もう満足したので」

「そうですか」

私は先生の隣を歩きたかった。

「着物を着ていたら、人に絡まれたり話しかけられたりすると思ったんです。そうなったらいいなって」

「じゃあ狙い通りですね」

「そうなんです。ただ、そのことで先生にも迷惑をかけてしまってすみません」

重くならないように笑いながら謝った。

「いえ、全然、私も初めての経験でした」

「え、そうなんですか」

「はい、あんな風に知らない人に話しかけられたことなど今まで一度もありませんでした」

「そうですか」

「なので、私もいい経験ができましたよ」

先生は日本のことのみならず、世の中のことにはなんでも精通している。その先生が経験したことがないことを一緒に経験できた。そのことが、なんだか誇らしかった。

明日は先生の家から一人で愛弓さんの店、ＮＩＰＰＯＮＹＡに向かうことになっている。道に迷わないようにと来た道を戻りながら、丁寧に教えてくれた。

帰宅すると、先生が寝室を覗き、「見てください」と言う。なんだろうと中を覗くと、彼女が床でパソコンを広げながら、そのまま俯せの体勢で眠っている。

「働き過ぎで、心配です」

実際彼女は、ほとんど寝ていなかった。夜中までパソコンに向かい、朝早くに出かけていく。また、建築物の修復以外にも、手作りのアクセサリーを販売する仕事もしていた。休みは無いに等しかった。

「一度寝ると、なにがあっても起きないんですよ」

「いいですね」

「私と正反対です」

「先生は寝つきがよくないんですか」

「私はなかなか眠れません。眠れたと思っても物音で起きてしまいます」

「昨日、僕が夜帰ったとき、物音で気付きましたか?」

「昨日ですか。いえ、昨日は分かりませんでしたよ。何時頃帰りましたか」

隠しておくのが嫌だったので正直に話した。

「十二時頃だったと思います。実は帰宅してから、おならが止まらなくなっちゃって。聞かれてたら恥ずかしいと思ってたんですけど、聞こえませんでしたか」

「そうですか、全然気付きませんでした」

日本であれば「そういえば聞こえたぞ、なんてな。がはは冗談だ」なんて言われてもおかしくないところだが、先生は真面目な顔で「気付きませんでした」などと言うものだから却って気まずい。気を遣ってくれているのかなとも思ったが、これ以上の詮索はよしておいた。

「そうだ、よかったら指輪でも作ってみますか」

先生の部屋に工房スペースがあった。先生もアクセサリーを作れるようで、彼女と互いに作って贈りあったりしているそうだ。素敵な話である。

「え、嬉しいです。僕、不器用なんですが、作れるなら作ってみたいです」

「指のサイズが分からないといけないのですが、分かりますか」

私は装飾品を身に着けない。代わりに妻の指のサイズを訊いておこう。喜ぶ顔が目に浮かぶ。

シャワーを借り、寝間着に着替える。居間で先生と雑談していると、彼女が起きてきた。

「こんばんは、すみません、寝ちゃってました」

「こんばんは、お疲れみたいで、心配です」

先生はことあるごとに、働き過ぎを案じていた。彼女は笑っているが、どう見ても疲れていた。心配である。

「もう明日でお別れですね。寂しいです」

「そうですね。本当にあっという間でした」

「私はまた日本に行くので、今度は日本で会いましょう」

先生が年末に日本に来ることは、前もって聞かされていた。

「彼女は来られないけど」

「本当は行きたいんですけど、仕事が忙しくて」

しくしくと泣き真似をする仕草が可愛らしい。

「あ、そうだ」

部屋に飾ってあったポストカードを指して、

「これ、明日の現場なんです」と教えてくれた。

「これはどこですか」

建物の修復作業を仕事にしてヨーロッパ中を飛び回っている彼女だが、明日の現場はウィーン市内にある教会だという。

「仕事は何時からですか」

「えーと、八時過ぎには現場にいます」

愛弓さんと朝十時にＮＩＰＰＯＮＹＡで待ち合わせている。教会はＮＩＰＰＯＮＹＡから歩いて五、六分だという。

「明日、現場に寄ってもいいですか。ぜひ挨拶だけでも」

私の思い付きは、案外彼女を喜ばせた。

「え、ほんとに？」

「ええ、間に合うので、行きます」

「嬉しいです、あ、じゃあ、着いたら連絡ください。なにか、ラインやってますか」

「やってます、やってます。先生はやってますか」

「ラインですか、僕はやってないんですけど」

「どうしてやらないの、やりましょうよ」

彼女に促され、

「じゃあ、やりますか」と渋々承諾する。

普段感情をあまり表に出さない先生が、露骨に面倒くさそうにしているのが、見ていて可笑しかった。海外ではラインの代わりにワッツアップというアプリが使われている。先生もワッツアップはやっていたが、ラインはやっていなかった。仕方なさそうにその場でアカウントを作ってくれた。以前、すぐにチャットグループを作りたがる人に対して不満をこぼしていたことがあった。例えば一人がなにかの用件を伝えたとする。すると皆が「OKです」「OKです」「OKです」「OKです」「OKです」「OKです」と返事をする。その度に携帯が短く震え、受信を知らせる。正直、鬱陶しいと思う、そんな話だった。そして私もライングループが苦手だった。なので三人のグループを作りましょうとは言わなかった。ラインを交換すると、おやすみなさいの挨拶をしてそれぞれ寝室へと戻っていった。

HEISSE u. KALTE
WURSTWAREN
ERFRISCHUNGSGETRÄNKE

四日目

1

朝起きて食事を済ませると早速指輪づくりに取り掛かる。金属の板を糸ノコで小さく切り取り、輪っか状に曲げ、ろうを使って接着させる。酸を使ったり、バーナーを使ったりと、危険が伴う作業は先生にお願いする。一時間ほどで完成した。旅の土産に丁度いい。先生はこの後、オンラインで会議があると言う。

「なので、この後、挨拶できないかもしれません」

「そうですか。あ、じゃあ、ここで、あの、本当に、ありがとうございました」

伝えたいことがたくさんある。溢れ出る想いとは裏腹に、なぜだか言葉が出てこない。

「また日本で会いましょうね」

「はい。ぜひ、色々案内させてください」

先生は今年の秋頃、日本に来る。そのときに、また必ず会う約束をした。

部屋に戻り荷造りをしていると、猫がやってきた。

「カラム。じゃあね。また会おうねぇ。三日間ありがとうねぇ」

猫にも礼を言っておいた。のびのびとした、人懐っこい猫だった。思い出に猫の写真を撮っていると、「昇羊さん」と先生が声を掛けてきた。少し緊張感のある表情だった。

「彼女の仕事場へは行きますか？」

「あ、はい」

「行きますね？」

「え、あ、はい」

「申し訳ないんですけど、防寒着を忘れたそうなんで、届けてもらえませんか」

「あ、分かりました」

「ここに置いておきます」

黒い厚手のジャンパーだった。

それだけ言うと、先生は再び、自室に籠ってしまった。

今日は風が強く、ひんやりと涼しい。高い場所なら、気温はさらに下がるだろう。

私は託された任務に責任感を抱きながら、ジャンパーをトートバックにしまった。と、同時に、はっと気付いた。彼女の作業場所とその建物の名を失念していたのである。とんだ粗忽野郎であった。私は慌てた。先生の部屋の様子を窺い、もし話しかけることができるならばすぐに建物の名称だけでも聞こう。先生の部屋の前に立つ。ドア越しに話し声が聞こえてきた。すでに会議は始まっていた。ドアの前からそっと離れる。無理だ、と思った。どうすればよいのか。そうだ。ポストカードの絵になにか文字が書いてあった。もしかしたら建物の名前かもしれない。

壁に飾ってあるポストカードを覗き込む。掠れているが、どうにか読めそうだ。携帯を取り出し、検索画面を開く。一文字ずつ入力していく。「K、A、R、L、S、K、I、R、C、H、E」

検索を実行し出てきた結果はまさにNIPPONYAの近く、カールス教会だった。私は指をパチンと鳴らした。それから小さな声で「ビンゴ」と言った。ビンゴゲーム以外で「ビンゴ」と言ったのは初めてかもしれなかった。気分は物語に出てくる探偵だった。高揚感に包まれていることに自分でも気付いた。

先生には手紙を書いた。昨日CHANOMAで買ったポストカードだった。他にも愛弓さんやマチさんにも書いた。先生宛の手紙はソファの枕元に置いておいた。最後に一言挨拶をしようか迷って、やめた。黙って家を出るのは心苦しかったが、仕方なかった。

一歩外へ出る。ウィーンの街へ着いてから、一人で行動するのは初めてだった。

最寄りの地下鉄の駅は、昨日の帰り道、先生と道順を確認しながら帰ってきたので、なんとなく把握できていた。駅に着く。今日まで使えるチケットがあるので切符は購入せずに無人改札をくぐる。と、ここで足が止まった。私は、どちらの方面のホームへ降りればよいのか、覚えていなかった。困ったことになった。仕方ないので朧気な記憶を頼りに、こっちかな、とそれっぽい方のホームに降りた。それっぽい、というのが、なにをもってそれっぽいのか、自分でもよく分からなかったが、なんとなくホームに立った時の景色が、それっぽい、と思った。要するに勘だった。自信はあった。

ＮＩＰＰＯＮＹＡの最寄り駅は、地下鉄に乗って五駅だったはず。駅名は分からない。やってきた地下鉄に乗ってすぐ、車内の路線図を眺める。思い当たる駅があった。どういうわけか調べようとしないのは悪い癖である。しかし駅名が長ったらしいドイツ語なので、入力するのも手間な上、時間がかかる。こういうときは記憶を頼りにする方が、面倒がなくていい。

それにしても、電車に乗って思うことは、日本の電車が非常に親切だということ。少なくとも今乗っている地下鉄は、現在どの駅で、どの方向に進んでいて、どの駅に停ったのか、などの情報が車内に表示されない。困った、と思う。一先ず、次に停車する駅名が知れれば、乗った電車の方面が合っているのかどうかは分かる。ところが車内には表示がどこにもない。仕方ないので、次の駅に電車が滑り込んでいく際に、その窓から見える駅の看板を必死に目で追いかけた。あれ、と思った。行きたい方面の電車に乗っていたら着くはずの駅名と違う駅名の看板が出ていた。私は慌てて何度も確認する。どうやら反対の方面へ向かう電車に乗ってしまっているようだ。案の定だ、と思った。そうなる予感があった。勘を頼りに自信をもって道を選んでもそれはいつも誤りで、結局来た道を引き返してばかりいる。なのに懲りもせずまた勘に頼ろうとして失敗する。私は溜息をつきながら、向かいのホームへと向かう。時間はまだある。電車が来るのを待って、乗り込んだ。

嘘だろ。あれ、おかしいぞ。そんなわけない。なにがどうなっているんだ。

私が軽いパニックと自己嫌悪に陥っている理由。それは、初め目的と反対の方面へ向かう電車に乗っていることに気付き、降りた後で向かいのホームへ移って再び乗ったその電車が、またしても目的と反対の方面へ向かう電車だったから。

つまりどういうことか。初めに乗った電車は目的の方面と反対へ向かう電車だった。なので一旦降り、向かいのホームから再び電車に乗った。ところがその電車も目的の方面と反対へ向かう電車だった。ということは初めに乗った電車は実は正しかった。なのに間違えたと勘違いをして降りてしまったのだった。

「二重にも三重にも粗忽だ」と周りに人が大勢いるホームでぼやく。声を大にすることで、苛立ちを発散、解消させたかった。また、大声によって威圧感を出すことで周りから舐められないようにもしていた。粗忽のくせに。だが、舐められたくないのだから仕方ない。

なんとか正しい方面へ向かう電車に乗り、目的の駅で降りる。降りるべき駅で合っているかどうか、車内で調べた。自分の勘でなく、情報に頼った。

駅を降り、地図アプリを使い、教会へ向かう。公園内にあるその教会は、背が高く、遠くからでも一目瞭然だった。到着したら電話してくださいと連絡が届いていた。教会の正面まで来ると、彼女に電話を掛けた。

「あ、もしもし」

「はい、もしもし」

「あ、今、教会に着きまして、正面にいます」

「ありがとうございます。階段になっている入口があるの分かりますか」

「あ、はい、ありました、階段にいけばいいですかね」

「階段のところで、上を見てください」

「かいだんのところで、うえ」

「あ、ここです、上です」

見上げると、ビルの十階ほどの高さのところで、彼女が身を乗り出して手を振っていた。

「あ、いましたっ」

大きく手を振り返す。

「ジャンパーはどうしましょう」

「どこか、仕切りの中に放り投げてください」

「え、いいんですか」

「はい、後で取りに行きますので」

「分かりました」

「ありがとうございます」

電話を切り、教会の階段を上る。右を覗くと工事の作業場の仕切りの中の様子が見えた。作業員の男がいたので、怪しまれないよう一言声を掛けた。

「ソーリー、ディス、ジャンパー、イズ」

このジャンパーは上にいる女性のものです。そう伝えたかった。しかし男は怪訝そうな表情を浮かべ、相手にしてくれない。不親切なやつだ。それでも必死に伝えようとしていると、上から彼女の大声が届いた。おそらく男になにか頼んだのだろう。男は声に気付いたようで、ジャンパーを受け取ってくれた。

「せんきゅー」

男は「どういたしまして」というようなことを言って、教会の中へ消えていった。

上を見上げると、彼女が手を振っていた。私も大きく手を振り返す。落ちないかな、と心配になった。彼女はいつまでも大きく手を振り続ける。次はいつ会えるのだろうか。彼女を見上げて、大きく手を振り返す。空は青く、広がっていた。

2

待ち合わせ時間よりも早くＮＩＰＰＯＮＹＡに着いた。店内にいると、愛弓さんが来たので郵便局に寄る時間があるか訊ねた。

「郵便局ならすぐ目の前にあるわ」

指された黄色い建物には赤いマークがどこにも見当たらない。

「え、これ郵便局なんですか」

オーストリアでは郵便局のシンボルカラーは赤ではなく黄色なのだそうだ。

「なにを出すの？」

「手紙なんです。お世話になった人に書きました」

鞄からポストカードの束を取り出す。全部で六枚あった。

「あ、これ、ダメよ。これじゃ、届かない」

「え、あ、そうなんですか」

「ちょっと待って。封筒があるから」

そう言うと店の奥から封筒を持って来てくれた。スタッフ二人と一緒に封筒に宛名を書き写す作業が始まった。一体なにが理由で届かないのだろうか。気になったが、訊かなかった。

「えーすみません、助かります。あ、これ、愛弓さんにも書いたので、恥ずかしいんですけど、後で読んでください」

「あら、ありがとう」

ここで音読されたらどうしようかと思ったが、鞄にしまってくれた。

作業を終えると、目の前の郵便局へ。カウンターからぐるっとUの字の列ができていた。列の最後尾に並ぶ。すると、愛弓さんは、カウンターで荷物を出そうとしている男の肩を指でとんとんと叩いた。男は知り合いのようだった。男となにを喋っているのか分からないが、およそこんな具合だろう。ここからは私の想像である。

「こんにちは」「ああ、愛弓さんか。誰かと思ったよ」「悪いわね、驚かせちゃって。それにしても奇遇ね」「あぁ、まさかこんなところで会うとは」「ところで、なんだけど」「なんだい」「私たち、急いでるの。ここにポストカードの入った封筒が六枚ある」「つまり」「私はあなたにこれを預けたいの。預かったものをどうするかはあなたの自由」「参ったね」「私たちはすごく急いでる。彼は日本からわざわざ来ている」「日本から。僕は日本が大好きだ」「そうでしょう。なら、預かってくれるわね」「仕方ない。だけど出すとは言ってないよ」「ええ、信じてるわ」「参ったね。それじゃあワイン一杯でどうだい。それもとびきり上等のね」「まったく、呆れたわ」「ははは冗談だ。なに、安物で構わないさ」「分かったわ。だけどつまみのナッツはあなたの奢り」「お手上げだ」

男はポストカードを受け取ると、郵便局員に、「これも一緒に頼む」みたいなことを言って、預けてくれた。

郵便局の外で少し立ち話をする。別れた後に事情を説明してくれた。

「彼は私が借りている物件の大家さんなの」

「知り合いだったんですね」

「そう」

「あ、郵便代は」

「いいの、彼が払ってくれた」

「え、いいんですか」

「ええ、だけどね、彼ちゃっかりしてるから、家賃の請求に上乗せしてくるかも。分かんないけど」

「すみません」

「いいの、気にしないで」

「でも、日本だとああいうことって結構白い目で見られると思うんですけど、こっちでは寛容なんですか」

「いいえ」

「え」

「だいぶ白い目で見られたわ」

「え」

「でもいいの。気にしないで」

それからバスを使って宮殿へ案内してくれた。ベルヴェデーレ宮殿という、ウィーンの観光スポットだった。

見晴らしのいい場所で、愛弓さんに写真を撮ってもらう。観光を楽しみながら、世間話をする。愛弓さんの父は元々レストランの経営者だった。ウィーンの他、西ベルリンとロンドンにも出店していた。ところが、このままでは提携先との関係などから長くは続かないと考え、ウィーンでＮＩＰＰＯＮＹＡを開く。その後、娘の愛弓さんが店を継いだ。店は今年で五十周年だそうだ。

「母が厳しかったのよ」

言葉遣いや、マナーなどは母親の影響らしい。

「今の旦那とは再婚したの。これは昔の話なんだけどね」と言って身の上話も聞かせてくれた。

再婚したばかりの頃、ろくに外に出ずに部屋でごろごろしてばかりいる主人に、「たまには誰かと飲みにいったら？」と嫌味をぶつけた。すると本当に飲みに行ってしまった。たまにはいいか、と放っておいたら、朝まで帰ってこない。しかも一緒にいた相手は女だという。そんなことが何日も続いた。

「さすがにそのときは喧嘩になったわ」

私は愛弓さんが、嫉妬したり、誰かに夢中になったりしているところを想像することができなかった。

「若い頃は、夢中になったこともあったけど。でも母によく言われたの。『電車と男は追いかけるな』って」

愛弓さんが夢中になった相手とは、いったいどんな男たちなのだろうか。

笑いながら歩く愛弓さんの隣で、微かな嫉妬を覚えた。

二人でベルヴェデーレ宮殿の庭を散歩した後はレストランの二階で昼食をご馳走になった。

「にわとこって知ってる?」

「にわとこですか? 知らないです。日本にもあるんですか」

「確かあるはずよ、あれ、確かあると思ったんだけど」

「調べてみます」

携帯電話で検索すると、「接骨木」と書いて「にわとこ」という落葉樹だと分かった。日本にも生息しているという。

「にわとこのシロップのジュースがあるの。どうかしら」

「へぇ、飲んでみたいです」

ジュースは色味がなく、透明だった。ほんのりと香りがするが、なんの香りだか分からない。

飲むとシロップの甘さがした。

それから幾つかメニューを選んでもらい、注文した。食後にはデザートのケーキと十種類のハーブを使ったハーブティーを頂いた。

「そろそろ行きましょう」

タクシーで空港まで。愛弓さんも一緒である。

「この運転手、すごくせっかちだから気を付けたほうがいいかも」

実際に車は物凄いスピードで高速道路を飛ばしていた。

ここで人生終いになったらどうしよう、という考えがふと頭をよぎる。だが幸い何事もなく空港に着いた。どういう仕組みか分からないが、到着する前に料金を請求された。

「こんなこと初めて」

長年住んでいる人間が経験したことのない出来事を共有できることは、やはり嬉しかった。

空港は人がまばらだった。

「どうしても食べてほしいパンがあるんだけど、お腹はまだ入るかしら」

手軽に食べられる一口サイズのオープンサンドで、ウィーンの名物だという。それなら食べられそうだったので、快く店へ案内してもらう。

ツェスニエフスキー、という店名は、創業者の名からとったらしい。元々は朝食を食べていない労働者のために作り始めたパンだそうだ。

「美味しい。食べやすいです」

「ふふふ、よかった」

食べ終わると、愛弓さんは鞄から手紙を取り出し、読み始めた。まさか目の前で読まれるとは思わなかった。だが二人きりなので、羞恥心はそれほど感じなかった。

「ごめんなさい、途中までしか読めなくて、帰ったらマーちゃんに聞くわ」

愛弓さんは日本語を話すことはできるが、読み書きは苦手らしい。

「でもありがとう。またぜひ、ウィーンに来ることがあったら連絡して頂戴」

「はい、必ず連絡します。来年また来たいと思ってるので、そのときにまた、色々相談させてください」

ゲートの手前で、ウィーン式の別れの挨拶をした。

保安検査場を通る。振り返ると愛弓さんが手を振っていた。自然と涙がこぼれた。慌てて、顔を見られぬよう、深くお辞儀をする。同時に、鼻水が垂れそうになる。咄嗟に鼻水を啜る。荷物を受け取る。口の中に鼻水が入らぬよう固く閉じる。涙も鼻水も拭うと却って気付かれてしまうので拭えなかった。堪えようとすればするほど、ぽたぽた零れる。振り返りたくない。情けない顔を見せたくない。ここなら泣いていることに気付かれまいという距離まで離れてから振り返る。愛弓さんは手を振り続けていた。手を振り返す。涙が止まらない。愛弓さんの姿が見えなくなるまで手を振り続ける。顔面は涙と鼻水でぐしゃぐしゃだった。最後までそのことには決して気付かれたくなかった。

3

荷物を預けているので、受け取らないといけないのだが、その場所が分からない。九十分のフライトを終え、ケルンボン空港に着いてすぐ、困っていると、後ろから英語で「なにか手伝おうか?」と声を掛けられた。咄嗟に、「掏られる」と身を固くしたが、どうやらそうではなさそうだった。どう見ても人の良さそうな、短髪のおじさんだった。

「君が行くべきなのはこっちの通路だね」

「ありがとう」

これも着物の効果だろうか。教えてもらった通路を進み、荷物を受け取る。到着ロビーへ行くと、蛭田さんと、外国人男性がいたので、挨拶をする。

「すすすごい、こここの格好で来られたのですか」

「はい、毎日着物なんです」

「ひゃー。声とか掛けられたんじゃないですか」

「はい、もう、それは、沢山」

「ですよねっ、着物はみんな好きなんですよ。いいですねぇ」

「ありがとうございます」

蛭田さんは明日の公演会場、ケルン日本文化会館の職員で、ドイツに来て一年になるという。

「彼は日本語がまだあまり喋れないのですが」

「すみません、まだ、にほんご、へたで」

「いえいえ、すごく上手ですよ」

「ありがとーございます」

同じく文化会館の職員の男性の運転でケルン市内のホテルへ。

蛭田さんに手伝ってもらいチェックインの手続きを済ませる。

一緒にホテル周辺を散歩しながら、スーパーや飲食店のあるエリアなどを教えてもらう。ホテル周辺の地図も用意してくれていた。その地図には、近くの古着屋が手書きで記載されていた。私の趣味が古着巡りであると知って、調べてくれたのだった。

「ありがとうございます、古着屋も明日行きます」

「よかったらぜひ。あとあっちへ行くとケルン大聖堂があるんで、明日よかったら見てください」

「ここから歩いて何分くらいですか」

「十五分くらいですかね」

「じゃあ今行ってみます」

「そうですか、じゃあ私も帰り道なので、一緒に行きましょう」

自宅から職場までの通勤路の途中に、ケルン大聖堂があるという。途中、妙な既視感を覚えた。有名ファッションブランドやファストフード店などの並びが、日本で見るのと同じような景観で、面白味がまるでない。

「日本みたいですね」

「そそそうですね」

「新宿とか渋谷みたいです。そういえば、蛭田さんは日本にいたときはどちらに住んでいたんですか」

「生まれは大宮です。今は西日暮里に家があります」

「あ、今でもあるんですか」

「はい、主人と娘二人と息子がいて」

「あら、蛭田さんだけケルンに来たんですか」

「そうなんです。一年に一度、帰るんですけど、そうするともう家が散らかっていて」

そこまで言うと、目に力を入れ、睨みを利かせながら、

「私は掃除をするためだけに帰ったのかなははは」

と続けた。

わざと嫌味な言い方をすることで、怒りの感情を表現していた。また表情も秀逸だった。

「娘は大学四年生なんですけど、オランダに行ってて、今年帰ってくるんですけど」

「オランダですか。オランダって治安はどうなんですか」

「そこまで悪くないとは思います。マリファナが許されてるくらいで」

「え、じゃあ西日暮里にマリファナ持ち込んだり」

「ないないないないないないないないないないないない」

ちょっとした冗談のつもりだったが、真っ向から勢いよく否定され、悪いことを言ってしまったなと反省した。

「ないですか」

「いやぁ、ないですねそれは、はははは」

他に、「ケルンでは高脂肪ヨーグルトが美味しいのでおすすめ」などの話をしながら、渋谷のセンター街のような通りを進む。そして、その通りを抜けた途端だった。

ケルン大聖堂がいきなり全貌を現した。

圧倒的な存在感を放ちながら、そこに、聳え立っていた。

「すごっ」

「すごいですよねぇ」

それは、執念の塊のような、何千、何万、何億もの人間たちが自身の業をそのまま刻み込んだような、そんな迫力があった。

畏怖の念すら抱いた。

言葉を失うほど、圧倒された。

「ここを毎日通りながら、嫌なことがあると、ぼーっと眺めてるんです。それだけで、元気になれるというか」

「分かります」

「あ、よかったら写真撮りますか」

言われて何枚か写真に収める。すぐにこの場を離れることができない。もう少し眺めて帰ることにした。

「分かりました。ぜひ、ゆっくり見て行ってください。また明日、十五時にケルン日本文化会館でお待ちしてます」

暗雲立ち込める空の下、しばらく呆然としていた。

禍々しく不気味だった。だが、とても美しかった。スカイツリーや東京タワーが玩具のように思えた。建造物に圧倒されたのは初めてだった。

雨雲はさらに広がり、厚みを増していったかと思うと、車軸を流すような大雨。仕方がないので軒下に入り雨宿り。そのうちすぐに止んでくれた。ヨーロッパに来て初めての雨だった。

4

腹が減った。ホテル近くで夕食を摂るために店を探していた。日本にもある有名なハンバーガー屋や、いかにもチェーン店ですといった店は候補から外した。かといって、一皿三千円もするようなパスタやサラダを一人で食べるのは金もかかるし量も多いので嫌だ。ということで、スーパーに入ることにした。先ほど、蛭田さんが教えてくれた、ホテル近くのスーパーだった。

一階にはパン屋が入っていた。主な食料品は地下にあるようだった。地下に降りるとゲートがあり、ゲートをくぐらないと買い物できない仕組み。また、退店の際にも退店用のゲートをくぐらないといけなかった。

店内をぐるっとまわって高脂肪ヨーグルトを探したのだが、ドイツ語が読めないため、どれが高脂肪でどれが低脂肪なのか、まるで分からなかった。ヨーグルトの購入を諦め、他に欲しいものがなかったので、外に出ようとした。ところが退店するには、ゲート横に設置された機械にレシートをかざさないとゲートが開かず退店できない、ということに気付いた。気付いた瞬間、

「えー嘘だろ」

と不満が漏れた。憤りを少しでも吐き出したかった。そうやって声に出すことで、ストレスを

軽減させたかった。

私は、貧乏性である。買い物しなければスーパーから出られない仕組みに腹が立った。買い物したくないのに無理してなにか購い、散財するなど絶対に嫌である。

ゲート横に有人レジが一台あったので、並んで事情を説明し、開けてもらうことにした。私の番が回ってくるまで、どう説明しようか考えたのだが、生憎正しい言語を持ち合わせていない。そのため熱量で誤魔化すことにした。

「あいむ、のっとしょっぴんぐ。あい、をんとぅ、ごーあうとおーけー?」

すると店員は、まるで客商売の最中とは思えないような、やる気のないだらけきった顔をこちらに向け、一言、「は?」と言った。

その、人を馬鹿にしたような態度表情声色に、瞬間的に腹が立った。が、しかしその店員の顔が、ウィーンで手の甲に接吻してきた髭男そっくりであることに気付いたとき、途端に腹立ちは収まり、替わってあの芋虫のような唇と柔らかな感触が、再び蘇った。

「この人の後ろついて行って構わないよ」

店員は無愛想なままだった。だが、事情を察してくれたようだった。態度は悪くても、人の心を持っていることが知れた。

「ありがとうございます」

私は指示通り、前にいた客の後ろについて行き、ゲートを出た。その客は金髪の若い美女だった。不審者扱いされたらどうしようかと心配したが、女はこちらのことなどまるで気にかける様子もなくすたすたと去っていったので少しがっかりした。


例えば腹が減って、なにか食べたいと思って店を探す。浅草であれば、翁そば、パンの田島、水口食堂、新宿であれば桂花ラーメン、モンスナック、あづまのじゅうじゅう焼き、池袋なら頑者、定食屋、博多ラーメン屋、など、さっと入れてさっさと食べられる店が思い付くだけでいくつもある。ところがケルンにはそれがない。あるのかもしれないが見つけられない。

「夕食難民だなぁ」

独りごちる。こちらへ来てから日常的に独り言を吐くようになった。

日が暮れてきた。閉店してしまう前にどこかで食事を摂らなくてはいけない。賑やかな通りにハンバーガー屋があった。体の大きな黒人が一人キッチンでハンバーガーを焼いているのが見えた。表の看板に掲げられたメニュー表によると、ハンバーガーは八ユーロからだった。日本円で千二百円ほどである。高いが他に候補となるような店がなかったので、仕方ない。日本にあるようなチェーン店には絶対入りたくなかったので、この店に決めた。

カウンターの向こうにいる店員にハンバーガーを一つ、店内で食べたいと伝える。カウンターの前で立って待っていると、

「座って待ってな」

みたいなことを言われた。

その言い方は無愛想であったが、しかしその態度が却って美味いハンバーガーを期待させた。指示に従い椅子に腰掛ける。すぐに運ばれてきたハンバーガーは、豪快に焼かれた分厚いパティが二枚挟んであり、肉と肉の間から溶けた濃い色のチーズが溢れ出ていた。

肉とチーズだけで野菜の入っていないハンバーガーは、ジャンクフードの王様のような味がした。美味しい。だが、なにか満たされない思いだった。数々の饗応を受けてきたばかりの私にとって、室内の隅っこで、無愛想な店員がつくった肉だけのハンバーガーを、身銭を切って独りで食べなければならないという現実が、堪えた。

私は孤独だった。本来の陰鬱な自分とは違う快活な自分になれたはずだった。だがやはりそうではなかった。現実に引き戻された気がした。視線が床を這った。ふとカウンターの方から足音

が近づいてきた。先ほどまでいた身体の大きな店員を「おいチビ」と呼んでいそうなほど、さらに身体の大きな黒人だった。左右均等に穴の空いたボロボロのジーンズを穿いていた。とても太いジーンズだった。黒いTシャツから真っ黒な太い腕が伸びていた。頭髪はドレッドヘアーにしており、編み込まれた髪が歩くたびに揺れていた。一歩の歩幅が広かった。熊のような大男だった。大男のような熊かもしれなかった。

その大男の存在が私の孤独を不思議と和らげた。どうしてだろうかと考えた。その男は孤独に思えた。それは直感的なもので根拠はなかったが、そう感じた。そのことで、真に孤独な者を目の前にしたことで、自分の孤独が偽りのものだと感じ、心が軽くなったのだと思った。

ホテルの部屋は狭く、日本のビジネスホテルと変わらなかった。枕の上にＨＡＲＩＢＯが一袋置かれていた。ドイツのもてなしは枕元にグミを置いておくことなのか。嬉しいという心持ちにはならなかった。寧ろ虚しかった。ウィーンで受けたもてなしはもっと温かかった。脇の簡易テーブルにどけて、横になる。考えるのは愛弓さんのこと、ナオミさんのこと、マチさんのこと、先生のことであった。会いたい。また会いたい。強烈にそう思った。

HARIBO
Goldbä

五日目／六日目

1

六時四十分に目が覚めた。携帯を覗くと師匠から二度の着信履歴が残っていた。どちらも一時間ほど前のものだった。途端に、緊張感に包まれた。七時間の時差があるので、現在日本は十三時四十分。毎週水曜日は師匠のラジオ収録、放送があるのだが、今日は金曜日。ラジオはない。であればすぐに折り返し電話を掛けても問題ない。そう判断し、早速電話を掛けようかと思ったのだが、国際電話を掛けると膨大な通信費が掛かり、高額な料金を請求されるおそれがある。なので私は文章にて、師匠に連絡をすることにした。

「おつかれさまです。昇羊です。先ほどはお電話すみません。現在ドイツにおりまして、十日に日本に戻ります。そのため、お電話取りづらくなっており申し訳ございません。ご迷惑をおかけします。昇羊拝」

メッセージを送信し終えた後、誤字脱字がないかどうか、何度も確認し、問題ないと判断すると安心して再び目を瞑った。だが到底眠ることなどできぬほど、意識は冴えてしまっており、師匠の返事が来るまでは気も落ち着かない。眠ることを諦め、携帯を弄りながら師匠からの返事を待っていると、一時間ほど経った頃に携帯が一瞬震え、師匠からのメッセージが届いた。

そうか、了解。都民寄席の件なんで事務局から仕事の依頼が来ると思います。空いてたらよろしく〜

私はすぐに返事を打った。

「承知いたしました。ありがとうございます。よろしくお願いいたします。昇羊拝」

仕事の依頼だったことが嬉しかったのと同時に、師匠とのやりとりが無事に済んだことで安堵した。腹が減ったので、朝食を摂ることにした。

朝食会場に行くと恰幅の良いスタッフの女性がにこにこしながら入口に立っていた。愛想の良い食堂のおばちゃんほど安心できるものはない。それは海外でも同じだった。バイキング形式になっていたので、トマト、ヨーグルト、ハム、ゆで玉子、トーストしたパン、オレンジジュース、はちみつ、を取った。

ハムは二種類あり、一枚ずつ取って食べてみたが味の違いが分からなかった。ゆで卵は黄身の色が濃く、不気味だった。味は普段食べているものと変わらなかった。大きくカットされたトマトは苦みが強く、とても食べられたものではなかった。だが残すのは行儀が悪いので、ゆっくり時間をかけて食べ切った。ヨーグルトは固く、はちみつと一緒にほとんど飲み込むように食べた。パンは焼いて食べたのだが、齧るたびにほんのりといい香りが鼻を抜ける、というようなことはなく、パサパサしていて味気ないものだった。唯一安心できたのはオレンジジュースのみで、日本で飲むものと同じように美味しかった。

2

落語家になる直前まで中野駅北口にあるフレッシュネスバーガーでアルバイトをしていた。十年以上前の話だが、その時分、一緒に働いていた仲間に平松さんという絵描きの先輩がいた。歳は私の四つ上で、今にも増して無知だった私に、音楽や小説など、様々な文化芸術作品を教えてくれた。ある日、平松さんが「これ面白いよ」と一冊の本を貸してくれた。読んだことのない作家の小説だった。電車の中で読んでいるうちに、声に出して笑ってしまった。町田康の「くっすん大黒」である。それから著者の作品を読み漁り、人にも作品にも嵌っていったのだが、そんな平松さんが単身ドイツに渡り、現在、ドイツに住みながら絵を描いて生活していると人づてに聞いて知った。いつかまたお会いしたいなぁと思っていたところに、ケルンでの公演が決まったので、すぐにSNSを通じて連絡を取り、会う約束を取り付けた。

平松さんとはこの後、十一時にケルン大聖堂の前で待ち合わせている。それまでの時間で、ホーエンツォレルン橋を渡り、ライン川の向こうに行ってみることにした。昨日、蛭田さんにすすめられたのだった。

宿を出てからケルン大聖堂までの道は、相変わらず退屈だった。大聖堂は夕べ見たときと同じように圧倒的な存在感を放ちながらそこに聳え立っていた。大聖堂の周りをぐるりと半周し、裏側からホーエンツォレルン橋へ。橋の真ん中は線路になっており、その右側の歩道を歩き川を渡る。左側の鉄柵には無数の南京錠がびっしりと掛かっていた。ラブロックと呼ばれているそうで、カップルなどが恋愛成就の願掛けで訪れるらしい。こんなことで恋愛がうまくいくものか。笑止千万である。鼻白む思いで脇を通った。

橋を渡って振り向くと、ライン川と橋と大聖堂が、まるで隅田川と吊り橋とスカイツリーのようであった。後で調べると、実際に隅田川に掛かっている橋の中にはケルンの吊り橋を参考にして造られた橋があるようだった。自らの背景に大聖堂と川と橋が収まるように画角を調整し、写真を撮った。

大聖堂の入口に戻ると、まだ多少時間があったので、中を見物することにした。五六人が列になっていたので並んだ。すると、係員に、「キャリーケースは持ち込めないよ」と言われた。仕方ないので、大聖堂の前で写真を撮ったり人々を眺めたりしながら時間を潰していると、平松さんからメッセージが入った。電車が遅延しているせいで到着が二十分ほど遅れるとのことだった。私は大聖堂の目の前にあるケルン中央駅で到着を待つことにした。駅の入口に突っ立っていると、後ろから「へい」と声を掛けられた。その瞬間、スリだ、と思った。警戒しながら振り向くと、アジア人の少年が携帯電話を掲げながら、

「インスタグラムのアカウントは持ってるかい?」

と訊ねてきた。理由は分からないが香港の人だと直感的に思った。私は自身のインスタグラムのアカウントを、少年の携帯電話に直接入力した。少年は礼を行って去っていった。狐につままれた思いだった。新手の詐欺師かと疑ったが、物を盗られた形跡はなかった。

少年の背中を目で追いかけながら、ふと後ろを振り返ると、平松さんがいたので、驚いた。

「あぁぁ、どうも、ご無沙汰してます」

「久し振り。今の知り合い？」

見られていたのだと分かった。

「いや、知らない人です。急に話しかけられて、インスタのアカウントを教えてくれって」

「着物着てるからだよ。珍しいんだよきっと。ずっと着物で移動してるの？」

「そうなんです」

「声掛けられるでしょ」

「はい、結構掛けられます」

「そうだよ、ヨーロッパの人は日本が好きだから」

「なるほど、でもなんかアジア人でしたけど」

「まあ、でも珍しいからねぇ」

平松さんは、十年前の印象と変わっていなかった。童顔でいつも無精髭を生やしていた。不器用な少年のようである。目線や表情などから、この人も社会では生きていけないタイプだなと感じる。そこが私と似ている気がする。私も社会では生きていくことができない。

「見た？　大聖堂」

「はい、圧巻でした。すごいです」

「ね、僕も初めて見たとき、すごいなぁと思った」

「言葉を失いました」

「ね、言葉を失うよね」

「はい、中も見ようと思ったんですけど、キャリーケース持ち込めないみたいで」

「そうなんだ、あ、コインロッカーあると思う」

そう言うと平松さんは駅の中をずんずんと進んでいった。途中、コインロッカーのようなものが見えたが、貼紙だった。

「あ、ほら、これそうだよ、あれ、なにこれ、あ、違う、貼紙じゃん」

「まんまと騙されたっ」と言いながら愉快そうに笑っている。私も嘲笑している感じにならないように気を付けながら、一緒になって笑った。

案内されたコインロッカーは、日本で見るようなものとはまるで違った。

荷物の取り出し口が一つしかなく、シャッターで閉ざされている。取り出し口の大きさはキャリーケース一台分ほどだった。操作は全て電子パネルで行う。私はドイツ語が読めないので、平松さんに操作を頼んだ。

「これで、うん、なるほどぉ、あぁ、そういうことか」パネルに表示されている説明書きを読み、理解した様子。

「分かりますか」

「うん、分かった」

だったら早く操作してくれ。

私は、愚鈍なくせにせっかちでもある。苛立つ気持ちを堪えながら、

「どうすればいいんですかね」

と、操作を促した。すると平松さんは、

「これはねぇ、まずお金が必要だ」

と言った。

そんなことは分かっている。なに考えてんだこいつは。私は財布から三ユーロ取り出し、紙幣投入口に滑り込ませた。すると電子パネルが点灯した。

「お、いいぞ」

平松さんは無邪気に喜んでいる。

シャッターを開けてキャリーケースを中に押し込む。シャッターが閉まると、パネルに表示されている項目をタッチして選択する必要があるようだった。

「なんだこれは、えーと、あ、そういうことか、これはここを押せばいいんだ」

そう言うと平松さんは楽しそうにパネルの画面をじっと眺めている。眺めてないで押してくれ。

私は胸の裡で文句を垂れながら、指示通りパネルの画面を選択してタッチする。するとまた画面が切り替わり、チケットのようなものが発券された。

「取り出すときはここの番号を入力するんだ」

「なるほど。助かりました。ありがとうございます」

「いやぁ、僕も初めて使ったよ」

「そうなんですか」

「うん、いやぁ面白いねぇ」

少年のように目を輝かせながらニヤニヤしている。

荷物を預けることができたので、大聖堂の内部を見学することにした。

「中に入るの初めてだ」

「え、そうなんですか」

「うん、初めて」

私がきっかけとなり初めて内部を観賞する、という事実が嬉しかった。

中は広く、薄暗く、静かであった。見物人が大勢いたが、広いのでゆったりと観賞しながらまわることができた。

「平松さんは今どこに住んでるんですか」

私は美術や芸術に明るくない。また、時間をかけて観賞することが苦手だった。集中力がすぐに途切れてしまう。

「カールスルーエっていうとこ。ここからは、だいぶ南なんだけど」

「へぇ、大学も入ったんですよね」

「そう、こっちの学校で学びなおして、で、そのまま住んでるって感じ」

「絵は自宅で描くんですか」

「いや、住んでるところはシェアハウスみたいなところだから、そこでは描いてなくて、アトリエを近くに借りてて、そこで毎日描いてるかな」

「かっこいいですね。アトリエって、画家の方たちは皆さん借りてるもんなんですか」

「どうなんだろう。僕、画家の友達がいないから、分からないんだよね」

「え、そうなんですか」

「まあ一人、いるんだけど、その人は借りてやってたなぁ」

「へぇ、画家同士の交流ってあんまりないもんなんですね」

「僕はそうだねぇ」

やはり、平松さんとは気が合う、と思う。私も友人が少ない。

「たしかね、ゲルハルト・リヒターっていうドイツの有名な芸術家の作品があるんだけど」

「大聖堂の中にですか」

「そう、あ、ほら、あった、あれ」

見ると、他の窓は絵が描かれているが、そこだけステンドグラスがモザイクのように散りばめられて異色だった。

「他は改修工事で当時のまま直してるんだけど、あそこだけ現代美術家がつくったんだよ」

「へぇ、綺麗ですね」

「うん、すごいよね。僕も初めて見た」

平松さんは、憧憬の眼差しでそのステンドグラスをいつまでも眺めていた。しかし私は、ただ綺麗だとしか感じなかった。パッと見ただけで満足し、後は周りにいる観光客を見物している方が楽しい、そんなことすら思ったほどだった。

「昇羊君、後ろ見て」

「え」

なにかまた別の芸術家の作品でもあるのかと思い振り返ると、

「誰も昇羊君のこと見てないよ」と言って、「ははは」と笑いだした。

なんのことか初め分からなかったのだが、どうやら私が、着物を着ていることで周りから見られたり、声を掛けられたりする、という話をした、その割には、今私の周りで、私のことを見ている人が誰もいない、ということを平松さんは面白がっているのだ、と気付いた。

「恥ずかしいんでやめてください」

「こんな大勢人がいるのに、だれも見てないひーっひっひっひ」

笑いすぎだろ。

しかし、同時に私は、私のことを面白がってもらえていることが嬉しかった。私は憤ったふりをした。そうすることでより悲劇的になり面白がってもらえると思った。

「おい、お前ら、誰も見てないってどういうことだよ。大聖堂はいつでも見られるけど俺は今日この瞬間だけしか見られねぇんだぞ、もっと俺のことを見ろよ。落語家だぞ。着物を着た落語家だぞ。春風亭昇羊だぞ」

「ははは、皆、大聖堂に夢中で、誰も見てないくふふふ、ほほっほほほほっほ」

平松さんはいつまでもひくひく笑っている。私も笑ってもらうために憤った芝居をしたので笑ってもらって構わないのだが、正直な話、なにがそんなに可笑しいのか、不明である。

だが私ばかり、ぶすっとしているわけにはいかないので、一先ず、一緒になって笑うことにした。

「ひひひひひ」

「くくくくく」

「ふふふふふ」

「ししししし」

大聖堂の中で二人、声を殺して、ひそひそと笑っていた。

3

十五時にホテルまで蛭田さんが迎えに来てくれることになった。それまで三時間、平松さんが私の趣味である古着屋巡りに付き合ってくれるという。昼食を食べる時間を考えると、十四時までの二時間で済まさなければならない。コインロッカーからキャリーバッグを取り出し、ホテル方面へ移動した。昨日蛭田さんがホテル近くにある古着屋を何軒か地図にして教えてくれたお蔭で、おおよその場所は把握できていた。念のため持ってきた舞台衣装などの入ったキャリーバッグを一旦部屋に置いてすぐに戻った。

一軒目は、いかにもチェーン店といった風情の大型リサイクルショップだった。ヨーロッパでは古着屋のことをセカンドハンドショップ、というらしい。「中古品」の意味なのだが、なんだか趣がない。やはり「古着屋」がいい。

「ここの店、ウィーンにもあったんじゃない？」

「え、あ、そういえばありました」

ウィーンで寄った古着屋と同じ系列店だった。ヨーロッパ中にあるらしい。ケルンに来たからにはケルンにしかない個人店の古着屋に寄りたかった。だがここで、「この店はよしましょう」というのも愛嬌がない気がした。私は愛嬌のある人になりたい。なのでわくわくしている感じを出しながら店に入ることにした。

広い店内の一階と二階にそれぞれ商品が並んでおり、男物は二階にあった。色彩豊かな服が多く、その中でも気になったのが桜色のジャンパーだった。だが持って帰る際に嵩張りそう、という理由で購入を諦めた。

平松さんも真剣に物色しているところを見ると、興味がないわけではなさそうだった。

「平松さんって古着とか着るんですか」

「着る着る」

「あ、着るんですね」

「着るよ。向こうだとね、こういう店ってあんまりないんだよね」

「えーと、どこでしたっけ」

「カールスルーエ」

「あぁ、そうだ、カールスルーエ」

「そもそも服を売ってる店がないから、こういうときぐらいしか買う機会がないんだよね」

「あ、そうなんですね、じゃあよかったです。飽きたら言ってください。まだ何軒かまわるつもりなんで」

「うん、大丈夫、付いていくから」

店を出て、蛭田さんに頂いた古着屋マップを見ながら、次の目的の店へ。ガラス張りの壁に大きく「SECOND HAND」と案内が出ているので分かりやすい。店内を覗くとどうやらレディース古着を扱う店のようだった。見るだけでも面白いので構わず入店する。縦長の店内にはずらっと服が並んでおり、奥のレジ付近で店員が女性客と話し込んでいた。入口から順に見ていく。丁度真ん中辺りで、感じの良いカーディガンがあったので手に取ると、大きさもレディースにしてはかなり大きく、私でも着ることができるくらいのサイズ。デザインも素敵で、全体にブランドのロゴが散りばめられ、総柄のようなデザインになっている。グッチだった。値札には1600ユーロと記載されていた。

「ちょっと平松さん、これグッチです」

「へぇ、いくら？」

「1600ユーロです」

「えっ」

「高いです」

日本円で二十七万円。とても買えない。が、せっかくなので試着してみたい。

「平松さん、これ試着したいんで、店員に訊いてもらえませんか」

「うん、分かった」

奥で客と話し込んでいる六十代くらいの女性店員に、

「彼が試着したがっているんだけど、いいかな？」

みたいな感じのことを訊いてもらった。すると、店員は、明らかに異常者を見るような訝しんでいる眼つきで私のことを一瞥したかと思うと、

「あんたが？」

みたいなことを言った。

私は怯んだ。そして咄嗟に、

「いや、彼女へのプレゼントを探してて」

というような感じのことを言おうとした。実際には、

「まいがーるふれんど、ぷれぜんと」

と言っただけだった。本当は妻へのプレゼントと言いたかったが、英語で妻という単語が出てこなかった。いずれにしても、「自分用に」などと本当のことは言えなかった。言えない雰囲気だった。

「そう、いいわよ」

店員の許しを貰い、その場で試着する。浴衣の上から着てみると、着れないこともないが、好みの大きさでなかったので、すぐに脱いでラックへ戻す。戻しながら、ふとこんなことを思い出していた。

以前地方の古着屋で、なにかにつけて「最高です」と言う胡散臭い店員に遭遇したことがある。「そのジャケット、その色味ってなかなか見ないんですよ。ま、最高です」「そのスラックス、形が完璧ですよね。つまり最高です」「そのシャツ、それほんと着たら分かるんですけど、まあ文句なしに最高です」

とこんな調子だった。私は半ばふざけているのだと思った。なので、四着目を手にしたときに「それねぇ」と店員が言った瞬間、思わずニヤニヤしてしまった。私は店員が、「ちょっとなに笑ってるんすか、また俺が最高ですって言うと思ったんでしょうははは」と一緒になって笑いだすのではないかと思ったのだが、実際には、店の者とは思えぬほど怒りを露わにしながら、「なにが可笑しいんすか」と言った。「なんでもかんでも最高ですって言うと思ったでしょ」とも言った。真顔で。店には男と私の二人きりであった。おそろしかった。気まずかった。

そんなことを思い出しながら、女物の服を漁っていると、店員の視線を感じた。ちらと様子を窺うと、客と話し込んでおり、こちらは全く気にかけておらず、ただの気のせいであった。だがなんとなく長居しにくかったので、早々に店を出た。雨が降ってきたので足早に次の店へと向かった。

「あれ、正解だったね」

「え、なにがですか」

「彼女のプレゼントって。ああでも言わないと、ちょっとおっかない顔してたもんね」

「ああ、やっぱりそうですよね、こわかったですよね、顔」

「こわかった」

「なんであんなこわい顔してたんですかね」

「分かんない」

「ドイツでは男がレディースを着ることってないんですかね」

「ないんじゃない」

「そういうもんですかね」

「うん、珍しいんだろうね」

私は普段、サイズさえ合えばレディースの服だって着ることがある。

「あそこにも古着屋があるんですけど、あそこも見ていいですか」

「うん、入ろう」

入ると、またしてもレディース専門の店のようだった。

「男だけど見てもいいか訊いた方がいいですかね」

「そうだね、さっきみたいにおっかない顔されたら嫌だもんね」

平松さんが、男だけど店内にある服を見てもいいか、確認してくれた。

「大丈夫だって」

「ありがとうございます」

店員は人の良さそうな年配の男。客は我々以外他にいなかった。

早速気になったシャツを手に取る。タグを見て高級ブランドのものだと分かった。

「とらいおん、おーけー？」

「勿論さ」

愛想の良い主人だった。

白い光沢のあるシャツには、大きな向日葵が胸から裾にかけて、大胆に描かれていた。試着室の鏡に映る自身を見ながら、具合を確かめる。シャツのサイズが小さいなと思った。しかし一応着ている姿を主人と平松さんに見せる方が、人間としての愛嬌がある気がしたので、早々に脱ぐことはせず、着たまま試着室を出ようとした。その間、試着室の外から、主人と平松さんの話し声が聞こえていた。時折「ジャパニーズコメディアン」だとか「キモノ」だとか聞こえるので、どうやら私の話をしているようだった。試着室を出ると店員が私に向かってなにか世辞を言ったような気がしたが言語が理解できないので、平松さんに目で通訳を求めた。アイコンタクトである。平松さんと目が合う。私は、店員は今私になんと言ったのでしょうか、と訊きたそうな表情で平松さんを見た。平松さんもこちらの目を見ている。しかしその表情からは、なんでこいつは僕のことを見ているのだろう、と考えていることがありありと感じられ、私の意志が全く伝わっていないことは明らかだった。それはほんの五秒ほどの時間だったが、とても長く感じられた。そしてその五秒ほどの間に、平松さんは怪訝そうな表情を浮かべ、とうとう苦笑いを浮かべながら、

「え？」

と言ったのである。

仕方ないので、

「あ、すみません、今なんて言ったんですか」

と訊いた。

「あぁ、よく似合ってるって」

「そうですか、嬉しい、さんきゅー」

店員は笑顔だった。試着室に戻り、シャツを脱ぎ、店員に返した後、「さっきなにを喋ってた

んですか」と平松さんに訊いた。

「あぁ、男の人が来るのは珍しいって。特に着物を着た人は初めて来たって」

「そうですか、なんか嬉しいですね」

「だから落語家だって、教えたんだけど、落語家ってなんて言うんだろ」

「ジャパニーズストーリーテラー、とかですかね」

「あぁ、なるほど、そうだね、たしかに」

気になる服を一通り見終え、店を出る。

次に入った店はメンズ服も扱う古着屋で、若い男女の店員が一人ずつ、客も二、三人ほどおり、いずれも二十代。若者が好むようなブランドの服が沢山置いてあった。

「あ、ディッキーズだ」

ラックを順に見ていた平松さんが紺色のパンツを手に取る。

「お好きなんですか」

「うん、ディッキーズ、好き。なかなかサイズ合うのがなくて、あったら買おうと思ってたんだよね」

平松さんは男にしては小柄だった。

「どうでした」

試着室から出て来た平松さんに声を掛ける。

「これ、買う」

「あ、いいですね」

私は端から全ての服を順に見ていた。古着屋に行くと大抵全ての服を見るようにする。そうしないと気が済まない。いつの間にかそうなっていた。店内には、ラコステ、アディダス、ナイキ、カーハートなど、有名ブランドの服をはじめ、様々なシャツやジャケット、パーカーやジャンパーなどが置いてあり、見応えがあった。

「昇羊君、この店現金使えないって」

「あ、そうなんですね」

「もし面倒だったら、建て替えとくよ」

「え、いいんですか」

「その方がいいでしょ」

「ありがとうございます」

一通り見終え、気になった服を三点に絞り、それぞれ試着する。

ナイキのジャンパーと、ラコステのポロシャツ、半袖の柄シャツで迷っていた。だが、どれも今一つピンとこない。平松さんは出入り口付近で携帯電話を弄っていた。

服をラックに戻し、再度、見落としている服はないか、探す。平松さんが戻って来た。退屈しているかもしれない。私はいつも、服を購入する際、即決できたためしがない。パッと店に入ってパパッと服を試着してスッと購入してサッと退店していく人がたまにいるが、とても羨ましい。ああいう買い物の仕方をいつかしてみたいものである。そんなことを考え、また、実際に平松さんに考えていることを伝えながら、どの服を買おうか悩んでいると、今まで見落としていたのだろうか。気になる柄の長袖のシャツを見つけ、手に取って試着してみると、柄も大きさもとても好みだった。合わせがレディースだが、私でも大きく感じるサイズなので問題なく着られる。

「これ、いいっ」

「本当だ、似合ってるね」

「これにします」

「どうする？　カードで立て替えておこうか」

「ありがとうございます、いいですかね」

「勿論」

代わりに会計を済ませてもらい店を出る。十七ユーロだったので、二十ユーロ渡した。

「じゃあ、三ユーロ今持ってないから、後でお昼ご飯食べるときに返すよ」

「すみません、ありがとうございます」

蛭田さんとの待ち合わせまで一時間を切っていた。時間がないことに気付き、急ぎ足で店を探す。ホテル近くにラップサンドを提供する店があったので、そこで昼食を摂ることにした。何種類もあるラップサンドの中から、チキンとマンゴーの入ったものを注文した。

「いいよ、僕が出すよ」

「ありがとうございます」

正直、期待していた。やはりご馳走になれるというのは嬉しい。私は吝嗇家なので、生きていく上でかかる費用は極力抑えたい、と常日頃から思っている。

レギュラーサイズだと相当大きいということが分かり、ハーフサイズのものを頼んだ。飲み物はジンジャーエールにした。普段は飲まないのだが、気分がいいときなどは、稀に飲むことがあった。テーブル席で待っていると、すぐに店員が持って来てくれた。

ラップサンドの中にはマンゴーと鶏肉、緑の葉っぱなどが包んであった。味は、優しく、美味であった。腹が減っていたのだが、ハーフサイズで量も丁度良かった。野菜が豊富なのも嬉しかった。

「あ、美味しい」

「ね、美味しいね。量も丁度良かったね」

「丁度良かったです」

「昇羊君はバイトとかしてないの」

「そうですね、してないです。落語家は皆バイトしなくてもなんとか食べていけるんですよ」

「へぇ、そうなんだ」

「落語家の人数も増えているので、これからどうなっていくか分からないんですけど」

「そっか、でもいいね」

平松さんは五年前まで寿司屋でバイトしていたそうだ。

「何年か前にようやく絵だけで食べていけるようになって」

「すごいですね」

「いやぁ、ほんとバイトはきつかったなぁ。全然やる気もなかったし」

「そりゃそうですよねぇ」

「当時の写真があってさ」

その寿司屋の名でネット検索すると、黒い制服を着た平松さんが寿司を握ってる画像が出てくるらしい。

「ほら、見てよこれ、目が、死んでるの、ふふふふふ」

何度見ても、あまり死んでいるようには見えなかったが、本人がそう言うのだからそうなのだろう。

しかしそんなことよりも私が最前から気にしているのは、古着屋で支払いしたシャツの代金の件であった。

古着屋でシャツを購入する際に、カードしか使えない店だったので平松さんが立て替えてくれた。退店後、平松さんに二十ユーロ渡した。シャツの代金は十七ユーロなので、三ユーロの差額が出る。その三ユーロは、「後で昼食の際に返すよ」と言っていた。だが、こうして昼食を摂り始めても平松さんは平然としており、三ユーロについて話題にすらしようとしない。

ということは、平松さんの中ではもう既に食事を奢ったことで三ユーロは返済したことになっているか、もしくは、ただ単に失念しているか、のどちらかであると考えられる。一体どちらなのか。

平松さんの性格上、うっかり忘れる、ということはいくらでもあり得る。だが、食事を奢ったことで三ユーロを返済したことにするというのは、少々考えにくい。もしそのつもりであるならば、「食事を奢る代わりにさっきの三ユーロはチャラね」などの一言があって然るべきで、平松さんからはその一言がない。ということはやはり失念しているということになり、では、返済してもらうため三ユーロについて話を切り出したかというと、勿論、切り出さなかった。良好な人間関係を保つためには、義理を立てる必要がある。これが三百ユーロなら話は別だが、たった三ユーロ、日本円にしておよそ五百円である。わざわざ返してくれよと言うほどの金額ではない。なので、私はそれっきり忘れることにして、平松さんとのお喋りに興じた。が、喋りながらも頭の片隅では、三ユーロのことを考えてしまっており、これはよくない。何度も言うが、たった五百円である。返してほしいなどと言えるはずもなく、しかも相手は食事を奢ってくれた先輩となると尚更言えない。ならば、一切を忘れるべきである。そんなことは百も二百も承知なのだが、心が従わないので困っていた。

そこまで気にするんだったら言っちまえばいいじゃないか、と考えてもみた。仮に「三ユーロのことなんですけど」と私が口にしたとする。平松さんが「あーごめんごめん忘れてたよ」と素直に謝罪しながら三ユーロを返してくれたとする。しかし腹の中でどう思われるか分からない。その場では思わなくとも、夜、眠る間際に布団の中で丸くなりながら「俺だったら返してなんて言わないけどなぁ」と考えたりするかもしれない。さらに翌朝、顔を洗って鏡を見ている最中にふと思い出し「しみったれな人なのかもしれないなぁ」と考え、そのうち関係を断たれるかもしれない。私は平松さんとの関係を断ちたくない。

であるならば、やはり私から三ユーロについて話を切り出すべきではないのである、と、自分に言い聞かせた。

しかしやっぱり、そうは言っても、実際のところでは、三ユーロの行方について考えてしまう。たかが三ユーロ、されど三ユーロである。と、いつまでも拘泥している自分自身の守銭奴ぶりに、我ながら呆れ返る思いだった。

平松さんとは一旦解散した。この後ケルン日本文化会館での公演も見に来てくれるらしい。公演を見に来てくれるのは嬉しいことだった。

ホテルに荷物を取りに戻り、時刻通りに来た蛭田さんと合流し、会館まで歩いた。

「そういえば、高脂肪ヨーグルト、食べましたか」

「それがスーパーで探したんですけど、ドイツ語が読めなくて」

「あははは、そうですよね」

「ホテルの朝食にヨーグルトがあったのですが、高脂肪なのかどうか分かりませんでした」

「食べたら分かると思うんで、それは違うかもしれませんねぇ」

「そうなんですね」

会場は公園内にあった。その公園の中央には大きな池があり、井の頭公園のようだと思った。池には大きな鳥が何羽もいた。歩道を歩いている鳥もいた。どちらも同じ種の鳥であった。人間に慣れており、我々が近づいてもまるでおそれず、堂々としていた。蛭田さんの方が却ってこわがって怯えているほどだった。

会場に着き、準備を済ませ、公演が始まる。子どもが十五人ほど、大人が五十人ほどいた。参加費無料の公演だった。同時刻にサッカーの試合があり、集客が思わしくないと聞いていたのだが、気にするほどではないように思えた。参加者は日本語学習者が多いとのことだった。とはいえ、いきなり落語を喋っても伝わりづらいだろうと考え、まずは落語の歴史についての解説から始めた。その際に、座布団の上には座らず、舞台上を端から端まで広く使って、動きながら喋った。また、時には舞台から降りて、参加者達に質問したり、質問に答えてくれた方と握手したりもした。また、座布団の上では、扇子や手拭いの使い方を紹介しながら、そばを食べる仕草を実演して見せ、参加者にもその場で一緒に練習させた。その後何人かには、舞台上に上がってもらい、皆の前でそばを食べる仕草を実演してもらった。そんなことをして、参加者の緊張を弛めてから、落語を喋った。終演後にはお見送りも兼ねたグッズ販売をした。グッズはアクリルスタンドだった。私が着物を着て体育座りをしている写真を使って自ら作製した物だった。一つ五ユーロで売るつもりだったのだが、なぜか私は七ユーロで売っていた。そのことは売り終わってから気付いた。相変わらずの粗忽者であった。しかしそれでも大勢の参加者がグッズを購めてくれた。日本のことが好きで好きでたまらない、といった風なドイツ人も大勢おり、嬉しかった。

「いやぁ、初めて見たけど、引き込まれたし、すごい楽しかったよ」

平松さんは高座を務める私を見るのが初めてだったようで、とても感激してくれた。私は、他の参加者が皆いなくなったのを見計らって、平松さんにグッズのアクリルスタンドを渡した。

「いいの？　ありがとう」

心のどこかで、七ユーロで販売していたアクリルスタンドを無料で差し上げたことをきっかけに三ユーロについて思い出してくれるかもしれないと期待した。しかし、平松さんが三ユーロについて思い出してくれることはとうとうなかった。

「次、日本に戻る予定はあるんですか」

「多分、年一回は帰ってるから、そのうち帰ると思うんだけど」

「年一回帰ってるんですか」

「うん、でも、和歌山だから、実家」

「あ、じゃあ東京には来られないんですね」

「そうなんだよね、まあでも、いつか東京にも遊びに行くよ」

「そのときは絶対、連絡ください」

「うん、必ず連絡する」

次は東京で会うことになるのだろうか、それとも別の場所で会うことになるのだろうか。分からない。いずれにしても、また必ず、会いたい。その際には書き終わったこの紀行文を渡し読んでもらい、あわよくば三ユーロを、などと相も変わらず三ユーロ、三ユーロ、と拘泥し続ける自身のしみったれ具合に、悲しくなるのであった。

4

公演を終えると、関係者との会食に招待された。会食の場所は宿泊しているホテルの近くだった。会館の館長と、蛭田さんと、私と、初見の女、の四人だった。初見の女は気さくだった。そこで何杯かビールを飲んだ。元々ビールが苦手な私だったが、飲みやすいビールだったので、おかわりをした。だが本当はオレンジジュースやリンゴジュースやお茶を飲んでいる方がよかった。そのうち酔いが回ってきたのか、大人しかった館長が次第に饒舌になっていった。出身が岸和田だと知れたときは、蛭田さんですら初耳だったようで動揺していた。

「大阪弁は絶対に使わないようにしてるんです」

「そそそそうだったんですか」

意外な展開に、私も愉快な心持ちになった。

「喋ろうと思えば喋れるんですか」

「勿論、ほんまは大阪弁ですから」

流暢な大阪弁だった。

「でも皆の前じゃ出しません」

「いいいや、あの、いや、驚きました。えええぇぇ、と、ちょっと、びっくりです」

蛭田さんは、終始動揺を隠せぬ様子だった。

「私が蛭田を指名したんです」

蛭田さんは元々インドネシアで働いており、その頃の上司が今の館長だった。ケルンで働くことになったのも、館長の指名だという。蛭田さんはそのことも知らなかったようだった。

「え、そそそうだったんですか。初めて知りました」

「頼りになるのはあなたしかいなかったからね」

「いやいやそんなそんな」

蛭田さんは、上司から信頼されている人だった。私まで嬉しくなった。また、不思議と誇らしい思いだった。


会食を終え、ホテルへ戻る。明日は朝から電車で、ブリュッセルへ向かう。駅まで蛭田さんが付き添ってくれることになっていた。なんでもドイツでは、列車の遅延や出発ホームの変更が日常茶飯事だそうだ。しかも直前に出発ホームが変わることがあるため、アナウンスに気付かず電車に乗り遅れる、ということが頻繁にある。

翌朝、六時五十分に蛭田さんとロビーで合流し、ケルン中央駅へ向かう。時間の余裕をもって地下鉄で移動する。ホテルを出てすぐ近くに地下鉄の駅があり、エスカレーターで降りる。コンクリートの壁には落書きがしてあった。ウィーンでは見ない光景だった。

ホームで電車を待っていると、ベンチに腰掛けていた若い男が話しかけてきたので警戒した。しかしその男は、酩酊しており、おまけに疲れ果てている様子だった。私はすぐに、昨夜サッカー観戦に興じ、朝まで飲み明かしたのだろうと気付いた。

蛭田さんがドイツ語で二言三言言葉を交わす。

「なんて言ってたんですか」

「煙草を吸いたいんだけど火がないから貸してくれないかって」

生憎二人とも火は持ち合わせていなかった。

ホームに電車が来た。酔っ払いの男が、ふらふらと乗り込んだ。我々は行き先が違うので一本見送った。

「大丈夫ですかね」

「えぇ、大丈夫だと思います」

男の無事を案じながら、ふと見ると、ホームに我々同様、酔っ払い男を眺めながらニヤリ笑みを浮べている男がいた。優しい目の男だった。決して、嘲笑しているわけではないことがその目から分かった。コーンロウの髪型が似合っている細身の若い黒人だった。人が好さそうだったので、「あーゆーふれん?」と話しかけた。男はなにか言ったが、なにを言ったのか分からなかったので、蛭田さんに通訳を求めた。

「知らないって言ってます」

私はてっきり知人なのだろうと思っていたので、意外な心持ちだった。それから、今日の前にいる見ず知らずの黒人と仲良くなりたい、と思った。そして実際に仲良くなるために、「ゆあへあーすたいる、いず、こーんろう、べりーないすへあー」と言って髪型を褒めた。すると男は「センキュー」と言って、それから私の着物を褒めてくれた。

ケルン中央駅行きの電車が来たので、乗り込む。コーンロウの男も一緒に乗ったので、前後で座った。話は続いた。電車は空いていた。蛭田さんの通訳を挟みながら、着物の話、サッカーの話をした。ケルン中央駅に到着する前に「一緒に写真を撮りませんか」と提案した。男は喜んで快諾してくれた。蛭田さんに撮影を頼んだ。カメラを向けられると、男はピースサインみたいなサインをした。そのサインは、人差し指と中指と小指の三本を立て、親指と薬指は曲げる形のサインだった。また、手の平でなく、甲の方を相手に向けていた。写真に撮られることに慣れているな、と思った。撮った写真を覗くと、男は表情も格好良くきまっており、羨ましいと思った。男は明るく活発で友人の多い社交的な人間なのだということが、写真写りの良さからありありと感じられた。

対して私は、無理して口角だけ上げてます、みたいな笑顔なのかなんなのかよく分からぬ表情になっており、嫌な気持ちになった。元来、根が一人っ子にできている私は、陰鬱な性格も相まって、社交性に乏しく、友人も少なかった。また、社交的で活発な人間と心から打ち解けられたためしがなかった。撮った写真を見た途端、この男とも例外でなく、これ以上仲良くなれることはないのだろうな、と感じた。寂しかった。

男が写真を見せてくれと言うので見せると、「ナイス」みたいなことを言った。どこがナイスだよ、と思った。

電車が駅に着いた。男が降りようとしたので先を譲った。男は「ありがとう」みたいなことを言うと、振り返ろうともせずに早足で行ってしまった。名残惜しさは感じなかった。おそらくそれは相手も同じだった。

ケルン中央駅に着いてからまだ時間があったので、大聖堂の前で写真を撮ってもらった。蛭田さんとの二人の写真を何枚か撮ることも忘れなかった。

ケルン中央駅には改札がなかった。蛭田さんはホームまで来てくれた。

「あ、昇羊さん、よかったですっ。予定通りの時刻に出発するみたいですっ」

私は、言葉に詰まった。代わりに、涙が溢れた。今度は誤魔化せなかった。涙は止まらなかった。私は観念して、着物の袖で、拭いた。まさかまた泣くことになるとは思わなかった。

「日本から遠いところまで来ていただいて、ありがとうございました」

喋ろうとしても、うまく言葉が出てこない。言葉は出てこないのに、涙はどんどん溢れてくる。伝えたい想いを言語化しようと必死に言葉を探す。しかし言葉が見つかると、涙の波が押し寄せる。私はあまり喋りたくなかった。喋ろうとすると、涙が溢れた。

いつか日本に来ることがあれば、必ず連絡してほしいです。本当にありがとうございました。

つかえながら、それだけは伝えることができた。本当は、もっともっと、伝えたいことが沢山あった。しかし言葉にならなかった。

私が電車に乗り、自分の座席に座っても、蛭田さんはホームにいた。発車するまで見送るつもりだろう。その優しさにまた涙が溢れる。と、いきなりホームから姿が消えた。と思ったら、デッキのドアが開き、

「昇羊さんっ、これっ、これっ、私、一番大事なものを忘れてましたっ」

と言って飛び込んできた。

「朝ごはん、召し上がってないかと思って。あ、中に高脂肪ヨーグルトが入ってますので、よろしければぜひ食べてみてくださいっ」

「わあ、ありがとうございます」
助けられた、と思った。蛭田さんが朝食を渡し忘れそうになってくれたお陰で、私の心はふっと軽くなった。危うく車内で一人、惜別の想いをいつまでもぐずぐずと引き摺ってしまうところだった。

私はデッキに立ち、蛭田さんの姿が見えなくなるまで手を振った。電車がホームを離れてから座席に戻る。袋の中のものを取り出し簡易テーブルに並べる。高脂肪ヨーグルトの他に、食物繊維が豊富に入っていそうなバーのようなもの、サラミ、ワッフルを固くしたおやつのようなもの、が入っていた。高脂肪ヨーグルトを食べ損ねた話を覚えていて、わざわざスーパーに探しに行ってくれたのであろうことが、とても嬉しかった。それからまた人前で泣いてしまったことを悔やみ、どんなみっともない顔を晒してしまったのだろうかと、車窓に映っている泣き顔を覗く。するとその顔は意外にも悲観する必要がないというか、はっきりとは申し上げにくいのだが、ただ回りくどい言い方だと伝わらないおそれもあるのではっきり申し上げると、いや、けれども場合によっては明言を避けた方がいいこともある。今がまさにそのときなのではないかとも思える。そもそも自賛することになるのであまり大きな声では言えないのだが、しかし本音を隠すのも憚られるので言ってしまうと、まあ早い話が、ちっとも早くないのだが、とぐずぐずしているうちに日が暮れてしまう。江戸っ子なら発狂しているかもしれない。だけど私は江戸っ子ではなく浜っ子。ってきりがねえ。要するに、思ったよりも悪くなかったのである。可愛かったのである。三十三歳の大人が自らの泣き顔を自賛するなど見苦しく愚かであり、気色の悪い話であることは間違いないので、やはり言わない方がよかったのかもしれない。

ただ、もうここまで言ってしまったので、包み隠さずに言う。

私は自らの泣き顔を、写真に収めた。そしてその写真をSNSに投稿したら、多くの反響を得られるのではないかと考えた。さらに、投稿する際に「別れが寂しい」などの同情を得られそうな言葉を添えたら、より反響が増えるのではないかとも考えた。気色の悪い話が続いて申し訳ないと思う。しかし考えただけで、実行には至らなかった。自身の泣き顔を他人に晒す気には、どうしてもなれなかった。

ブリュッセルにて

それから三日間、ベルギーはブリュッセルでの日々を過ごし、パリへ移り夕方の便で帰国した。そのことについては割愛させていただく。なぜならブリュッセルで過ごした三日間は、私にとってかけがえのない日々ではあったものの、心はウィーンに、またはケルンに置いてきてしまったようで、なにを見ても、感動することはなかったからである。しかし、感動こそしなかったものの、案内して頂いた場所や食べ物はどれも印象的で素晴らしかった。また、ブリュッセルでも様々な人々にお世話になり、ご縁を頂いた。ベルギー市内の観光地を車であちこち移動しながら、見物に連れて行ってくださった伊藤さん小笠さんはじめ、皆様には感謝の念でいっぱいである。

最後に、ブリュッセルで特に印象的だった出来事を書いてこの紀行文の終わりとさせていただく。

ブリュッセル南駅

ブリュッセル南駅は、治安が悪い駅として有名であった。具体的にはスリが多いらしい。何人もの知人から、決して一人でうろつかない方がいい、とにかく気を付けろと再三に渡って注意された。

実際、構内へ出ると、家畜を思わせる臭いがした。その臭気が私の心をざわつかせた。また、淀んだ川の底のような薄暗さが気になった。行き交う人々は澱のように沈んでいるように思えた。しかしそれはどれも、治安が悪い駅だと聞いたことで、偏見によってそう感じているだけかもしれなかった。

人が多く、今こうして構内を歩いている間にも、どこかで誰かが、スリの被害にあっているのかもしれない。そう思うと、その瞬間を目撃してみたいという好奇心が湧いた。だがすぐに、倫理的によくない考えだと思いなおした。

伊藤さんとの待ち合わせ時刻まで時間があったので、構内を散策することにした。一人でうろつくなと注意されたことは覚えていたが、言いつけを守る気にはなれなかった。どれほど治安が悪いのか、自分の目で確かめたかった。

地べたに座って、壁にもたれ掛かっている若者がいた。構内のスーパーマーケットの出入口付近だった。オレンジのパーカーに細身の黒いパンツを穿き、ハイカットのコンバースを合わせている。洒落た格好だった。髪は黒く短髪で、肌の色は白く、ひどく痩せて見える。不健康そうだった。パーカーを被っており、はっきりと判別できなかったが、女だと思った。男のようでもあったが、声が高く、その声質から女のように思えた。

女は、泣いていた。泣きながらなにかを呟いていた。か細い声だった。独り言のようにも聞こえたし、通行人に対してなにかを訴えているようにも聞こえた。おそらく、薬物中毒者なのであろう。

異様な光景に、思わず目を奪われていると、買い物を終えスーパーから出て来た一人の女の客が、泣いている女の足元に、パックの苺とコーラを置き、二言三言、なにか呟いた後、すぐさま去っていった。それは一瞬の出来事だった。

直後、女は目で客を追いながら、絶叫した。施しを受けたことに礼を述べているように思えたし、神様についてなにか言っているようにも思えた。女は声を張り上げ、最前よりも激しく泣き喚いた。

ウィーンやケルンでは、地べたに座る人を見かけなかった。ところがブリュッセル南駅に着いてすぐ、地べたで泣き崩れる薬物中毒者を目撃した。明らかに、異なる様相を呈している。この街は安全ではないと思った。気を引き締め、その場から離れた。途端に、後ろから声を掛けられた。そこら中で話し声が聞こえる雑踏の中で、はっきりと、私に向かって声を掛けてきたことが分かった。振り向くと、直前まで泣き崩れていたはずの女がすぐ後ろに立っていた。

「お金をくれませんか」

そんなことを言われたのが分かった。おそろしさに私は身を固くした。

「そーりー、あいはぶ、じゃぱにーずまねーおんりー」

咄嗟に吐いた嘘だった。我ながら下手な嘘だと思った。女は諦めきれない様子で、もう一度なにかを呟いた。私が「そーりー」と言うと、漸く諦めたと見え、スーパーの中に入っていった。

私は振り返るのもおそろしく、足早にその場を離れた。

構内から外へ抜ける間に、治安の悪さを感じさせる光景を何度も目撃した。五、六人の黒人の集団、ごみ箱に嘔吐する老女、誰でも自由に弾くことのできるピアノの鍵盤で遊ぶ浮浪者、眼つきの怪しい子どもたち、などだった。

外へ出て線路沿いを歩いた。壁に張られたポスターは破られていた。黴で汚れたマットレスが捨てられていた。スクーターが歩道の真ん中に乗り捨てられていた。汚らしい街だなと思った。黒人が向こうから歩いてきたので、なんとなく、カメラを向けた。すると近付いてきて「一ユーロ出せ」と金を請求された。「そーりー」と断ると去っていった。カメラを向けた私にも非があった。殴られてもおかしくなかった。

日本人学校の美少女

観光を済ませ、ブラッセル日本人学校へ移動した。会場の体育館には二十名ほどの児童と、その保護者が集まった。

公演内容はウィーンやケルンのときとほぼ一緒で、扇子や手拭いの使い方を見せ、蕎麦の食べ方を練習し、実際に何人かの児童に高座に上がってもらい、蕎麦を食べる仕草を演じてもらった。皆と仲良くなるために、私のことを「しょーちゃん」とあだ名で呼ばせることも忘れなかった。

終演後、参加した児童と皆で記念撮影をすることになった。大勢の児童が高座に上がって来た。一人の少女が正座した私の膝の上に、上半身を預ける形で寄りかかって来た。その少女は公演中もやたら元気に発言しており、一際目立っていた少女だった。父親がベルギー人で母親が日本人なのだという。無邪気にはしゃぎながら、ブロンド色に輝く頭髪に覆われた後頭部を、私の腹にぐいぐい押し付けてくる。私が同級生だったら好意を寄せているに違いない。物怖じしない性格の、活発な少女だった。

帰り仕度を済ませ学校を出ようとすると、先ほど後頭部をぐいぐい押し付けてきた少女が駆け寄ってきて「しょーちゃん一緒に遊ぼうぜぇ」と私の腕をとってきた。分け隔てなく誰とでも仲良くできる優しい娘なのだろう。私は、遊ぶ時間がないことを説明した後、「記念に写真を撮ろう」と提案した。

携帯電話のカメラ機能を使って、少女との写真を自撮りで撮ろうとすると、少女は躊躇う素振りを見せることなく、私の肩に手を回してきた。そのまま少女と肩を組む形で写真を撮ったのだが、なんとも言えない気恥ずかしさを感じたのは、私の方であった。

明朗快活な美しい少女だった。私は学生時代に、こういう娘と恋がしたかった。男子校を中退してから、ろくに通学することのなかった私は、恋と無縁の日々を送っていた。その日々の中で、コンビニでアルバイトしていた頃、二つ上の大学生の先輩を好きになり、クリスマスの日にサンタの帽子を被って一緒に働くことになったその先輩の頭をどうしても撫でたくなり、「帽子がずれてますよ」と偽って全くずれていない帽子を直すフリをしながら必要以上に頭を撫でさすったことがあった。その翌日から、しばらくの間先輩は口をきいてくれなくなった。そのことを思い出した。

ゴーバルスペシャル

日本人学校での公演後、関係者六名での会食。その中に、ゴーバルさんと呼ばれている女性がいた。ベルギーに住んで二十年になるという。ムール貝のスープ煮を皆で食べていると、ゴーバルさんが「このスープを捨てるのは勿体ない」「スープの残りに、ご飯を入れてリゾットにしたら絶対美味しいわ」と言い出した。すると皆が「そうだそうだ」「それはいい考えだ」「実際にやってもらいましょう」と賛同し、ゴーバルさんが店員に交渉して、許可が下りたときなどは、拍手喝采、大いに盛り上がった。

「次、店に来たらメニューになってるかも」「名前はゴーバルスペシャルにしましょう」「この店の看板メニューになってますよ」「最高ですねゴーバルスペシャル」「どうして私の名前なの」「そりゃゴーバルさんが言い出したんだから」「ゴーバルスペシャルで決まりだ」と、皆高揚しながら口々に調子のいいことを言い合った。

私も「いいですね」「流行りますよ」などと言って、調子を合わせたのだが、私の発言はなんの独創性も感じられない凡庸なものだった。そのせいで、わずかな自己嫌悪を抱いた。

また、途中ゴーバルさんが気を遣って「昇羊さんがいらしたことがきっかけなんですから、昇羊スペシャルがいいじゃない」と言った。ところが賛同する者は一人もおらず、一瞬の沈黙の後、「昇羊スペシャルっ」と誰かが合いの手を入れたのだが、それに続く者もいないし、そもそも一瞬沈黙した時点で昇羊スペシャルには賛同できないという全員の本音が分かってしまい、少し辛かった。また、そのことに気まずさを感じて誤魔化すために合いの手を入れたのであって決して昇羊スペシャルの案に賛同して合いの手を入れたわけではないことも、声量や勢いなどから判断でき、余計に辛かった。

それからすぐに、誰かが「昇羊ゴーバルスペシャルにしましょう」と言ったのだが、それって本当はゴーバルスペシャルでいきたいのに昇羊スペシャルという案が出ちゃったから、だったら間をとって昇羊ゴーバルスペシャルでいきましょう、という意味で、つまりそれは折衷案ということになり、ということは昇羊スペシャルに納得していないことが浮き彫りになっているわけで、その感じがまたしても辛い。

それから、二、三人が「いいね」と言って昇羊ゴーバルスペシャルの案に賛同していたのだが、しばらくしてリゾットができ上がり皆で食べ始めたときには、「めっちゃうまいですよゴーバルスペシャル」「ゴーバルスペシャル最高ですね」「ゴーバルスペシャル美味過ぎます」とゴーバルスペシャルの名ばかりが挙がり、「昇羊ゴーバルスペシャル」と言う者は誰一人としておらず、しかしそのことに気付いているのはおそらく私だけであり、私以外の全員は、リゾットをつつきながら「ゴーバルスペシャル美味しい」と顔をほころばせて盛り上がっている。

確かに、ムール貝のエキスをたっぷり吸ったリゾットは絶品で、だったら私も一緒になって「ゴーバルスペシャル美味しい」と言うべきなのに、それが言えない。

というのは、「昇羊ゴーバルスペシャル」と言い出す者がいないことを気にしていないふりをしているが実際は、結構気にしており、その私が「ゴーバルスペシャル」と口にすることで、「昇羊ゴーバルスペシャル」と誰も言い出さないことを結構気にしている感じが声色に表れてしまうおそれがある。その場合、あっ、しまった、ついさっき昇羊ゴーバルスペシャルで意見がまとまったはずなのに、うっかり失念して「ゴーバルスペシャル」と言ってしまったどうしよう。と皆に気を遣わせてしまうかもしれず、そう思うとなかなか「ゴーバルスペシャル」と言い出すことができない。しかし、「ゴーバルスペシャル」と言わなければ言わないで、あれっ、そういえば昇羊さんはゴーバルスペシャルの名を口に出さず黙っているけれどもそれは一体どうしてなのだろうか。あ、しまった、そういえばさっき昇羊ゴーバルスペシャルでいく感じの話をしていたのに、うっかり失念して無意識に「ゴーバルスペシャル」と言ってしまっていた。これはゴーバルスペシャルでいきたいという本心の表れで、もしかしてその本心がばれてしまったことによって昇羊さんは怒っているのだろうか、どうだろうか。と、やはり気を遣わせてしまうかもしれず、前門の虎後門の狼。もはや私はどうすることもできない。

そんなことを考えながら私は、黙々と、絶品のゴーバルスペシャルをつつくのであった。

ブリュッセルにて

旅　程

7/1　10：20 東京発　17：55 パリ着（14 時間 35 分）
→ 21：05 パリ発　23：05 ウィーン着
7/1 ～ 7/4　宿泊先：ベルンハルト・サイドル先生宅（ウィーン大学教授）

7/2　ウィーン大学　公演 18：30 ～ 19：30

7/3　ウィーン日本人国際学校　公演 13：00 ～ 14：30

7/4　16：40 ウィーン発　18：10 ケルンボン空港着
7/4 ～ 7/6 宿泊先：フランドリッシャーホフホテル

7/5　ケルン文化会館　公演 17：30 ～ 19：00　　打ち上げ（ビアホール）

7/6　7：42 ケルン発　9：35 ブリュッセル駅着
→ブラッセル日本人学校体育館公演 14：30 ～ 16：00
会食：日本人会理事の皆様（伊藤様他）
7/6 ～ 7/9 宿泊　ダンサールホテル

7/7　フリー

7/8　ブリュッセル　ベルギー大使館　公演 17:00 ～ 18:00　(14:30 入り)

7/9　ブリュッセル時間未定発　パリ時間未定着　パリ飛行機 20：25 発

7/10　東京 17：20 着

【著者】

春風亭昇羊（しゅんぷうてい しょうよう）

1991年（未年《ひつじ》）生まれ。神奈川県横浜市旭区出身。落語家。

2012年春風亭昇太に弟子入り後、4年間の前座修行を経て2016年二ツ目に昇進。令和五年度NHK新人落語大賞ファイナリスト。

ひつじ旅 落語家欧州紀行

2025年1月1日　第1刷発行
2025年2月28日　第2刷発行

著者　春風亭昇羊
組版協力　齋藤圭介
カバーイラスト　アサイレイコ

発行者　山口和男

発行所 / 印刷所 / 製本所　虹色社
〒169-0071 東京都新宿区戸塚町1-102-5 江原ビル1階
電話　03（6302）1240

ISBN 978-4-909045-70-6
定価はカバーに表記しています。
乱丁本、落丁本はお取り替えいたします。